BENDICIONES MÚLTIPLES

BENDICI8NES
MÚLTIPLES

Cómo sobrevivir exitosamente
con gemelos y sextillizos

JON *y* KATE GOSSELIN
Y BETH CARSON

La misión de Editorial Vida es proporcionar los recursos
necesarios a fin de alcanzar a las personas para Jesucristo
y ayudarlas a crecer en su fe.

BENDICIONES MÚLTIPLES
Edición en español publicada
por Editorial Vida -2009
Miami, Florida

© **2009** por Katie Gosselin y Beth Ann Carson

Originally published in the U.S.A. under the title:
Multiple Blessings
Copyright © **2008** by Katie Gosselin and Beth Ann Carson
Published by permission of Zondervan, Grand Rapids, Michigan.

Traducción: *Dr. Miguel Mesías*
Edición: *Madeline Díaz*
Diseño interior: *Cathy Spee*
Adaptación de cubierta: *Leo Pecina*

ISBN – 978-0-8297-3759-2

CATEGORÍA: VIDA CRISTIANA / FAMILIA

IMPRESO EN ESTADOS UNIDOS DE AMÉRICA
PRINTED IN THE UNITED STATES OF AMERICA

09 10 11 12 ❖ 6 5 4 3 2

A Jon:

Gracias por todo lo que haces y todo lo que soportas. Ahora sé lo que querías decir cuando afirmaste en tus votos que estarías presente «en las experiencias nuevas y retadoras».

Eres un esposo maravilloso, un padre asombroso, y aprendiste de los mejores. Tu papá, Poppy, estaría muy orgulloso.

Y también a la abuela y el abuelo:

Los ejemplos más verdaderos del amor incondicional de Dios.

Contenido

●●●●

Introducción

¡Al revisar las páginas de este libro, que contiene las vivencias de Jon y mías, todavía no puedo creer que se trate de nuestra propia vida! Han sido necesarios estos últimos pocos años para entender e interiorizar que este es en verdad el plan de Dios para nosotros. Y cuando echamos un vistazo atrás, nos damos cuenta de la asombrosa responsabilidad que se nos ha dado. Con nuestros hijos menores casi cumpliendo cuatro años, todavía experimentamos retos a diario. Sin embargo, hay algo más, sabemos que somos muy bendecidos y que todos estos niños, nuestras bendiciones múltiples, así como las lecciones que hemos aprendido por medio de ellos, son mucho más satisfactorias que los sueños que jamás pudiéramos haber imaginado.

¡Gracias, Cara, Madelyn, Alexis, Hannah, Aaden, Collin, Leah y Joel por el privilegio de ser sus padres!

—Kate Gosselin
Mayo del 2008

Recibiendo el año 1999, en el cual nos casamos.

1 La calma antes de la tormenta

Confía en el SEÑOR de todo corazón,
y no en tu propia inteligencia.
Reconócelo en todos tus caminos,
y él allanará tus sendas.

PROVERBIOS 3:5-6

Nuestra primera salida, si se le puede llamar así, no marchó según el plan. Como la mayoría de las muchachas, había soñado con el día en que conocería a mi esposo, tendría hijos, y me establecería para vivir una vida feliz por siempre. Sin embargo, a diferencia de la mayoría de las jóvenes, tenía un plan de acción para realizar mi sueño, y este no incluía enamorarme de un extraño en un paseo campestre cualquiera de la compañía. Había sido una planificadora toda mi vida, y me enorgullecía mucho cuando mis planes se desarrollaban justo como mi larga lista de cosas por hacer y mi calendario detallado al minuto, indicaban que debían desenvolverse.

Así que cuando un futbolista de veinte años atravesó como si nada un amplio espacio de hierba verde mientras estaba sentada debajo de un toldo comiendo y conversando con amigos, traté de no dejar que mi mirada se mantuviera fija en él por mucho tiempo. Yo estaba allí para acompañar a mi amiga, no para buscar a alguien con quien salir. No obstante, este muchacho no estaba enterado de mis planes, y al parecer no le importó mucho fijar sus ojos en mí.

Después de pasarnos la tarde deambulando el uno cerca del otro, lanzándonos miradas furtivas y luego volviendo la vista con rapidez, Jon finalmente se acercó como al descuido hasta donde me encontraba parada sosteniendo en mis brazos a una primorosa recién nacida de olor agradable que permanecía envuelta en una frazadita rosada suave. «¿Vas a permitir que alguien más cargue a esa bebita?», preguntó, extendiendo sus manos hacia el delicado envoltorio que sostenía en mis brazos.

Ahí fue cuando supe que quería saber más acerca de este encantador y amigable muchacho asiático que, como yo, parecía derretirse a la vista de un bebé de 10 libras con un gran potencial aún en ciernes. Tuvimos esa inexplicable buena química que parecía electrizar el aire que nos rodeaba, por lo que no pude evitar bajar la guardia. Parece algo ridículo ahora, pero esos primeros momentos de descubrimiento fueron muy divertidos y estuvieron libres de preocupaciones.

Me quedo asombrada cuando me doy cuenta de cuánto presagiaba ese momento para los dos. ¿Quién hubiera adivinado en ese instante que Jon y yo, dos extraños en ese tiempo, pasaríamos juntos incontables horas de nuestras vidas entregándonos a otros bebés —los nuestros— el uno al otro?

Apenas seis breves meses después de ese paseo campestre, Jon, que nunca puede guardar un secreto por mucho tiempo, sacó un reluciente anillo de diamantes de su bolsillo y me pidió que fuera su esposa. ¡Quedé extasiada y de inmediato acepté! No obstante, con el mismísimo próximo aliento, vino a mi mente mi lista… mi larga lista. Como ve, tal vez yo había alterado en algo mi carácter para enamorarme de un extraño en el parque, pero todavía era esa muchacha con un plan de acción. Necesitaba una lista, a decir verdad, muchas listas. Eso complementaba mi obsesiva necesidad de ser organizada. Tipo A, hazte cargo, ponle un rótulo, y que el trabajo esté terminado… esa soy yo. No pasó mucho tiempo antes de que todos los que iban a intervenir en los preparativos de nuestra boda tuvieran una lista de cosas para hacer: el que proveería la comida, la florista, las damas de honor, y sí, incluso Jon. Yo estaba decidida a planear todo detalle de nuestra hermosa boda al aire libre.

El 12 de junio de 1999, en un atractivo y fragante jardín en Wyomissing, Pennsylvania, la ciudad natal de Jon, él y yo reunimos a un centenar de nuestros amigos más íntimos y parientes para empezar nuestra vida juntos. Nuestro día especial no podía haber sido más perfecto: veinticinco grados centígrados bajo un cielo azul tan claro como el cristal. Al mirar de nuevo las fotografías de ese día, a menudo me pregunto lo que cada uno de nosotros habría hecho si alguien nos hubiera dicho que en menos de cinco años seríamos los orgullosos padres, no de uno, ni de dos... ¡sino de ocho hijos! Felizmente, en ese momento nos sentimos entusiasmados y contentos de volver a nuestro tranquilo departamento rentado como el señor y la señora Gosselin, para soñar acerca de nuestro prometedor y, debo añadir, bien planeado futuro.

La vida de casados fue todo lo que me había imaginado y más. Éramos jóvenes, saludables y ambiciosos, y no pasó mucho tiempo para que la fiebre de tener bebés se nos contagiara. Sin embargo, aunque por mucho tiempo había querido ser mamá, una pregunta obscura perenne acompañaba mi sueño: «¿Qué tal si no puedo?». Ese hostigante pensamiento se intensificó tan pronto como descubrí que tenía una enfermedad llamada síndrome poliquístico en los ovarios. Básicamente, eso quería decir que no ovulaba, ni un ápice, jamás.

Jon y yo quedamos devastados. Nos preocupamos y oramos, luego lloramos y oramos un poco más. Parecía

El día de nuestra boda: 12 de junio de 1999.

1. La calma antes de la tormenta

que la familia que habíamos anhelado no iba a formarse, por lo menos no de la manera tradicional. Me sentí vacía, traicionada y quebrantada; como si alguien me hubiera jugado una broma pesada y robado todos mis sueños cuando no estaba mirando.

No soy dada a sumirme en la autocompasión. Soy una persona emprendedora. Denme un obstáculo, y voy a hacer todo lo que pueda para superarlo. Con una nueva determinación y nuestros ojos puestos en la meta, Jon y yo tomamos la difícil decisión de buscar la sabiduría de un especialista en infertilidad.

Cuando pensaba en los especialistas en infertilidad, me imaginaba a médicos encantadores, eruditos, con toda clase de pociones para hacer bebés a su disposición. Aunque no quiero quitarles ningún crédito a todos esos maravillosos doctores a través de todo el mundo que han dedicado su vida para hacer que los sueños de la maternidad se hagan realidad, debo decirles que no es nada divertido visitar a los especialistas en infertilidad. El proceso al que nos someten es doloroso, riesgoso, y a veces nos parte el corazón. Sin embargo, el milagro que ellos ayudan a realizar bien vale la pena cada segundo.

Como cristiana creo en el Salmo 139:16, que dice que nuestros días están diseñados antes de que siquiera hayamos vivido uno solo de ellos. En otras palabras, sabía en mi corazón que Dios ya había ordenado con exactitud si mi bebé a la larga vendría, así como cuándo, dónde y cómo, mucho antes de que yo pusiera un pie en ese ajetreado consultorio médico. Creía que el médico había sido puesto en mi camino simplemente para hacer que se cumpliera el destino que mi Dios ya me había asignado.

Transcurría el mes de enero del 2000. Habíamos sobrevivido a las muchas predicciones fatales que pendían sobre ese marcador trascendental del nuevo milenio, y ahora esperábamos con ansias saber si las dolorosas inyecciones que había soportado durante dos semanas habían dado resultado. La droga, si tenía éxito, haría que mis ovarios se estimularan, y por consiguiente ovularía. Se me advirtió que los riesgos incluían producir más de un óvulo, lo que podría resultar entonces en más de un bebé.

Después de nuestro primer intento, Jon y yo enfrentamos la desilusión cuando menstrué justo a tiempo ese mes. Me sentí triste y asustada, sin mencionar que estaba sufriendo por los efectos de tanta fluctuación hormonal, pero decidimos que íbamos a ser persistentes. Queríamos tratar de nuevo.

Solo unos pocos días antes del final de mi próximo ciclo, decidí dar el paso y llevé a casa una prueba de embarazo. Una vez más. Incluso a pesar de que no me había atrasado. En algún rincón muy dentro de mí esperaba que después de ver el indicador blanco neutral tantas veces, las probabilidades estarían a mi favor, y que un día, por algún milagro, esa condenada ventanita aparecería rosada. Cuando una mujer está tratando de quedar encinta, y en especial si ha sufrido al atravesar las espantosas pruebas de la infertilidad, de alguna manera algo tan sencillo como ese diminuto rectángulo al final de un pedazo de plástico contiene todas las promesas de las esperanzas y los sueños del futuro.

Ese día en particular me había despertado alrededor de las cuatro de la mañana para ir al baño. Me hice la prueba, y luego, todavía medio dormida, la puse encima del lavamanos y regresé a mi cama calientita. Fue muy raro que no permaneciera en ese pequeño y frío baño, yendo y viniendo, esperando mientras los minutos pasaran hasta que, como tantas veces antes, pudiera leer los temidos resultados. Más bien, fue una hora más tarde, cuando me levanté a prepararme para ir al trabajo, que recordé verificar la prueba. ¡No podía creer lo que veían mis ojos! ¿Podía ser que en realidad estuviera rosado? Pensé que tal vez el brillo de la luz fluorescente estaba jugándome una broma, así que llevé la prueba a la luz natural de la madrugada cerca de la ventana del baño. ¡Todavía se veía rosado!

Sin saber si gritar, llorar o pellizcarme para comprobar que no estaba soñando, corrí y sacudí a Jon. «¡Jon, Jon! Despiértate. ¿Te parece esto rosado?». Estoy casi segura de que un hombre normal al que su querida esposa despierta sacudiéndolo para ponerle una varita plástica bautizada con orine bajo su nariz a las cinco y media de la madrugada, exigiéndole un análisis de color, tal vez tendría unas pocas palabras escogidas para decir. Pero Jon no. Él saltó de la cama y encendió la luz del clóset para examinar más de cerca la ahora santificada varita.

«Me parece rosado, Kate». Eso es todo lo que necesitaba oír. Me dispuse a prepararme para ir a mi trabajo, pero a cada momento me detenía a mirar la hermosa mancha rosada. Casi ya atrasada para el trabajo, salí corriendo por el pasillo esgrimiendo la varita que predecía mi futuro en el aire con una mano y empuñando las llaves del auto con la otra. Cuando estaba a punto de cerrar la puerta del frente, oí desde nuestro dormitorio al final del corredor un exuberante: «¡Eso es!»

Todavía sin querer creer por completo que la varita en verdad estaba rosada, procedí a mostrársela a cualquiera y a todas las enfermeras interesadas en el trabajo ese día. Razonaba que con toda certeza una clínica llena de empleadas con una buena educación y experiencia podría decirme si un ligero matiz rosado significaba algo o no. Por último, al final de mi turno, llamé a mi doctora, la cual me dijo: «Pues bien, ¿qué estás esperando, Kate? Ven para hacerte un examen de sangre al instante. Te espero».

«Ella va a esperarme», pensé. «¡Qué bueno!».

La espera cobró un significado totalmente nuevo mientras permanecía sentada junto al teléfono más tarde en casa, casi sin respirar. De pronto el teléfono timbró, y respirando hondo y con manos temblorosas, me llevé el auricular a la oreja. ¡El resultado era positivo! Lancé un grito de victoria y luego sonreí muy contenta, dándome cuenta de que desde ese momento en adelante mi vida cambiaría para siempre. Estaba encinta.

Sexto mes de un embarazo de gemelos. ¡muy jóvenes... y muy felices!

2 No hay nada mejor que esto

Deléitate en el SEÑOR,
y él te concederá los deseos de tu corazón.

SALMO 37:4

Jon y yo estábamos asombrados ante el pensamiento de convertirnos en unos padres flamantes. Yo saboreaba de antemano la satisfacción de decorar el cuarto del pequeño, comprar todas esas adorables ropas de bebé que había admirado durante meses, y saber si sería niño o niña. Llenos de felicidad, bromeamos muchas veces diciendo que decididamente íbamos a tener gemelos, pues de otra manera pelearíamos para ver quién cuidaba al niño o la niña.

Para nuestro asombro, nuestros sueños más alocados se hicieron realidad. Nos habíamos sentido muy entusiasmados al acudir a nuestra cita programada para el ultrasonido el día de San Patricio del año 2000, pero nos sentimos mucho más contentos cuando oímos esas palabras musicales: «Hay más de uno». ¡Estábamos esperando gemelos! No teníamos en lo absoluto ni la menor idea de las noches sin dormir, los interminables cambios de pañales, o inclusive las amplias sonrisas de aquellas boquitas sin dientes que definirían nuestro año siguiente… ni nos importaban. Simplemente teníamos ansias de conocer a esos dos dulces pequeños regalos que por ahora eran apenas diminutos destellos en una pantalla borrosa de ultrasonido.

Fue apenas pocos días después cuando la realidad empezó a revelarse. Había salido para disfrutar de un día tranquilo de compras con mi madre y mi hermana, Chris. Decidimos detenernos para almorzar, porque no me había estado sintiendo muy bien, y pensé que comer algo me ayudaría a sentirme mejor. Por el contrario, allí mismo y sobre la mesa del restaurante McDonald, empecé lo que sería una época en extremo prolongada de una severa «enfermedad mañanera». Me mantuve entrando y saliendo del hospital a cada rato para tratar de detener la deshidratación.

Aunque me encantaría decir que me enfrenté a esta prueba con la ferocidad de un campeón de boxeo en su pelea por el campeonato, desdichadamente este no fue el caso. Yo pensaba que ya había pagado mi cuota durante el esfuerzo para quedar encinta. ¿Tenía que sufrir de nuevo? No era justo. No quería tener que sufrir esta náusea debilitadora que me consumía todo el tiempo que estaba despierta.

Pronto llegué a convertirme en una chiquilla quejosa y llorona, llamando a mi madre todos los días para lamentarme y sollozar. A la larga, fue necesario que el médico me recetara Zofrán, una medicina que se prescribe para tratar casos severos de enfermedad mañanera.

Al final encontré alivio. Me sentí como si me hubiera arrastrado a través del desierto sobre mi vientre y llegado a un hermoso y abundante bufé. Fue una temporada sin restricciones para la comida: la mía, la de Jon y la de mis compañeras de trabajo. No me importaba gran cosa. ¡Tenía un hambre canina!

Sin embargo, el tiempo que había pasado arrodillada con un balde, pronto fue reemplazado por el reposo en cama en medio del caluroso clima de agosto. El excesivo aburrimiento era algo difícil para mí, pues nunca antes había estado acostumbrada a mantenerme inmóvil por mucho tiempo durante mi vida como adulta. Jon se puso a la altura de la ocasión de una forma admirable, tratando en todo momento de levantarme el ánimo, yendo a trabajar, y atendiendo todas las tareas cotidianas de la casa; tales como lavar la ropa, limpiar, hacer la comida, ir a comprar víveres y pagar las cuentas. Era muy reconfortante saber que habíamos crecido para llegar a ser una pareja que, en lugar de permitir que la adversidad produjera división, escogimos concentrarnos y acercarnos incluso más el uno al otro.

Mirando hacia atrás a esa época, ambos nos damos cuenta de mi incomodidad era simplemente la manera de Dios de permitirnos una prueba pequeña que nos preparara para las dificultades que enfrentaríamos apenas unos pocos años después.

Por fin, el 8 de octubre del 2000, todas las temidas inyecciones, las pruebas incómodas, los ultrasonidos llenos de suspenso, las admisiones obligatorias en el hospital y las incontables horas de reposo en cama serían recompensados con toda gracia y fidelidad con la llegada de dos bellezas de ojos claros y pelo oscuro. Nuestra hija, Cara Nicole Gosselin, llegó pesando sus respetables cinco libras y tres onzas, seguida minutos más tarde por su hermana menor, Madelyn Kate, que pesó cinco libras y una onza. Considerando que las niñas nacieron poco antes de que se cumplieran las treinta y seis semanas de gestación, estaban asombrosamente saludables y requirieron solo de una corta estadía de cuatro días

en la unidad neonatal de cuidados intensivos del hospital Reading, para cerciorarse de que estuvieran estables y ganando peso. Al mirar sus caritas delicadas y soñolientas, no podía imaginar que la vida fuera más satisfactoria de lo que lo era en ese instante.

Llevando a nuestras bebitas a casa, 12 de octubre del 2000.

Una vez en casa, con nuestros suaves envoltorios vestidos de rosado, Jon y yo nos concentramos en establecer una vida feliz llena de alegría para nuestra familia de cuatro. Volví a trabajar como enfermera en la Clínica de Diálisis de Pennsylvania durante el día, y Jon trabajaba el turno de la noche en una compañía local. Este arreglo nos permitía que uno de los dos estuviera en casa en todo momento con nuestras hijas. Ellas crecían con tanta rapidez que parecían cambiar incluso ante nuestros propios ojos. Mady no se interesaba gran cosa en

2. No hay nada mejor que esto·

lactar, así que se convirtió en la hija de papá, mientras que Cara estaba muy contenta al estar a mi lado.

Al recordar de nuevo, me resulta muy impresionante ver cómo mi esposo, a los veintitrés años, fue capaz de dar de comer, bañar, limpiar, poner pañales, vestir y entretener a dos infantes durante todo el día y luego ir a trabajar toda la noche. También me asombra la gracia del buen Dios que, a su propia manera paciente, estaba preparándonos para algo que más tarde sometería a prueba nuestra fortaleza, resistencia, tenacidad y cordura, así como también el compromiso del uno hacia el otro y con Dios.

Ese primer año con nuestras dos preciosas niñas transcurrió en un torbellino de descubrimientos, desde sus regordetes deditos de las manos y los pies hasta aventuras estimulantes en nuestras excursiones casi diarias. Ya les estaban saliendo los dientes y estaban a punto de gatear, y sentíamos que cada vez se hacía más evidente lo inadecuado de nuestro demasiado pequeño apartamento rentado.

Por lo tanto, el 8 de septiembre del 2001, tuvimos la dicha de comprar una preciosa casa de tres dormitorios con garaje para un auto y un traspatio extenso que suplicaba por un columpio. Estaba en una calle tranquila bordeada de árboles, con senderos pavimentados para triciclos y un jardín espacioso en el cual plantar algunas flores de primavera. Nos sentíamos muy contentos y orgullosos de nosotros mismos por lograr ese sueño de tener nuestra propia casa cuando teníamos apenas veinticuatro y veintiséis años. La responsabilidad no vino sin sacrificios, sin embargo, eso parecía insignificante al presenciar cómo nuestra joven familia empezaba a florecer y prosperar.

Tenía todo lo que había soñado y esperado: un esposo cariñoso y dedicado; dos hijas de mejillas regordetas, pelo sedoso y tamaño diminuto; una casa acogedora y una carrera satisfactoria. Era el sueño estadounidense… pero yo estaba teniendo sueños de otro tipo.

Para cuando me dispuse a planear la fiesta del primer cumpleaños de las niñas, empecé a ilusionarme con la posibilidad de tener nada más que otro bebé. Todo comenzó apenas como un susurro tranquilo en lo más hondo de mi alma que pronto estalló en un clamor y un deseo vehemente del corazón. En secreto me sentí algo triste mientras mis dos niñas disfrutaban de su primer pastel de cumpleaños, riendo mientras nosotros nos disponíamos a tomar fotografías para recordar ese gran día. Sentí que sería maravilloso darles a Mady y a Cara el don de ser hermanas mayores.

Sin embargo, Jon pensaba muy diferente. Tal vez recordaba con mayor claridad todos los escollos en ese largo camino a la paternidad. No quería y ni siquiera estaba dispuesto a hablar de la posibilidad. ¡Su

Celebración del primer cumpleaños de Mady y Cara.

respuesta era un irrefutable, incuestionable e indisputable no! Yo me debatía entre querer respetar los deseos de mi esposo —después de todo, él estaba en verdad preocupado por mi salud— y el innegable anhelo de sentir de nuevo la alegría de ese primer débil atisbo de vida floreciendo dentro de mí. Ocultaba el dolor agonizante de mi corazón hecho peda-

2. No hay nada mejor que esto·

zos detrás de las copiosas tareas diarias para atender a las niñas y las demandas de una carrera que a veces agota emocionalmente.

Para entonces yo había logrado mi meta de trabajar como enfermera en la sala de partos. Me encantaba la interacción con cada madre al prepararla para uno de los acontecimientos más memorables de su vida. No obstante, aprendí temprano que para servir de manera más eficiente a mis pacientes y guardar mi propio corazón, tenía que evitar involucrarme demasiado emocionalmente. Este equilibrio entre la compasión y el profesionalismo es un reto para todos los que brindan cuidados a otras personas.

El embarazo puede desatar el tiempo más emocionante y a la vez desesperante en la vida de una mujer. Este hecho no me era extraño cuando me encargaron que cuidara de una adolescente primeriza. Su madre y su padrastro, llenos de ansiedad, se retorcían nerviosos las manos y se turnaban para recorrer de aquí para allá los corredores y alisar las frazadas de la cama mientras su niñita luchaba mental y físicamente con la realidad innegable de que pronto ella misma sería madre.

Esta adorable y dulce muchacha, de hablar suave y aterrada, le había revelado apenas la noche anterior a su madre que en verdad estaba encinta. Aunque en repetidas ocasiones le habían preguntado acerca de lo que todo el mundo sospechaba cada vez más, de alguna manera ella se las había arreglado para esconder el cambio de su delgada figura con ropa muy suelta, alimentando de esa forma el fuego de la negativa que había sostenido ante su madre durante meses.

Sin embargo, mientras la familia luchaba por vérselas con la fría y cruel realidad, me sentí conmovida por esta muchacha rubia que apenas el día anterior había asistido a sus clases en el último año de secundaria, escuchando los planes para el fin de semana de sus amigas despreocupadas y guardando en silencio otro memorándum en cuanto a la graduación en su mochila. Jamie habló con claridad y franqueza mientras le tomaba los signos vitales, monitoreado sus contracciones y asegurándole de nuevo que necesitaba concentrarse ahora en la tarea que tenía por delante.

Su angustiada madre confesó que además de todas las aturdidoras revelaciones obvias del día, estaba el hecho perturbador de que la familia nunca aceptaría a un hijo de un padre negro. Sabía que este hecho la abochornaba no porque en lo personal luchara con la raza de su nieto, sino debido al prejuicio que corría profundo en su linaje. Ella luchaba visiblemente con el dolor, la cólera, la preocupación, la confusión y la frustración, vacilando entre amar de manera inconmovible a su hija y el horror de lo que el futuro pudiera deparar. Al parecer tratando de buscarle una salida a esta situación, ella incluso hizo alusión a que tal vez yo sería la persona perfecta para adoptar a este bebé inesperado y no planeado.

Mientras las horas de mi turno avanzaban con lentitud, Jamie continuó con su trabajo de parto y yo empecé a sentir los fastidiosos y moléstos síntomas de un horrible resfriado. Había tratado de ignorar el terrible dolor de cabeza y el completo agotamiento, pero pronto me di cuenta de que debía dejar a Jamie y esperar a la mañana siguiente para ponerme al día en cuanto a todos los detalles del nacimiento. Ella y yo habíamos establecido un vínculo muy estrecho, y siempre es difícil tanto para el paciente como para la enfermera cuando el turno cambia mientras el alumbramiento se acerca.

Sentí alguna reserva al salir del hospital. Simplemente, no pude quitarme a Jamie de la cabeza esa noche mientras daba vueltas en la cama, anhelando dormir para quitarme el resfriado, pero demasiado preocupada por los detalles de esa adolescente como para permitir que el sueño llegara. Las palabras de su madre sugiriendo que yo tal vez podría adoptar a su bebé resonaban en mis oídos como si me hubiera ganado la lotería.

Temprano a la mañana siguiente llamé por teléfono a la habitación de Jamie en el hospital para saber si el bebé había llegado durante la noche. En realidad, así había sido. Se me informó que era un varoncito apuesto y tranquilo, ajeno por completo al conflicto que rodeaba su flamante nueva vida. Su abuela tomó enseguida el auricular, diciéndome con resolución que tenía que hablar conmigo y que por favor fuera al hospital de inmediato si me era posible.

Ella ni siquiera había terminado de hacer su ruego, y yo ya sabía por qué quería hablar conmigo con tanta urgencia. Mencionó por teléfono que sentía que me habían encargado cuidar a su hija con un propósito. Yo sabía en lo más hondo de mi ser que estaba pensando que ese propósito era que llegara a ser la madre adoptiva de su ilegítimo nieto mestizo. Sentí el palpitar de su corazón por el teléfono mientras esta mujer luchaba con emociones tan crudas que amenazaban vencerla.

Le dije que Jon y yo iríamos mientras batallaba con mis propias emociones mezcladas. Me preguntaba si ese sería el plan de Dios, y si él estaba permitiendo que por medio del quebrantamiento de esta desdichada familia mis oraciones de llegar a ser madre de nuevo tuvieran respuesta. Yo temblaba por la emoción, pero estaba demasiado aterrada como para pensar mientras recorríamos la corta distancia hasta el hospital. Habíamos llevado a las niñas con nosotros, dándoles una explicación vaga acerca de visitar el trabajo de mamá y conocer a un bebé recién nacido.

Cuando llegué al piso donde estaba la sala de parto con toda mi familia a rastras para visitar a una extraña y admirar a su hijo, sentí que los ojos de todo el personal estaban sobre mí. Era una «ley» tácita que una enfermera no podía permitirse el lujo de apegarse demasiado a sus pacientes. La desconfianza se podía sentir cuando entramos a la habitación de Jamie.

Disfrutamos de una visita breve pero íntima, y nos turnamos para tomar en brazos al soñoliento recién nacido envuelto en pañales. Pronto nos enteramos de que la madre de Jamie ya había hecho sus investigaciones sobre la adopción, y con gentileza estaba animándome con datos e información. Por otro lado, también observé que un cierto nivel de identificación entre la familia y el bebé ya había empezado a formarse. Yo continuaba elevando en silencio una oración pidiendo paz. Necesitaba saber sin una sombra de duda que no estaba adelantándome a Dios en mi búsqueda por aplacar mi sed de tener otro bebé.

Decidimos que la familia nos visitaría en nuestra casa al día siguiente. Todo estaba avanzando muy rápido. Necesitábamos andar con cuidado y estar seguros de que esta era una decisión hecha debido al amor, no solo a la desesperación… tanto de parte de Jamie como de la mía.

Toda la noche sopesamos los pros y los contras. Pros: el bebé tendría dos hermanas mayores para malcriarlo, yo no tendría que atravesar otro embarazo posiblemente difícil, y le estaríamos dando a este niño una crianza cómoda, cristiana, en un hogar donde siempre se sentiría querido y valorado. Contras: no habíamos pensado a cabalidad en esta situación ni siquiera durante veinticuatro horas completas. ¿Qué tal si, incluso después de adoptar a este bebé, seguía sintiendo el anhelo de dar a luz a mi propio hijo? ¿Podrían Mady y Cara ajustarse a esta abrupta decisión y al cambio de vida?

Y también estaba la familia. Me enteré más tarde ese día de que a nuestra familia no le entusiasmaba casi nada la posibilidad de que escogiéramos este inesperado rumbo para nuestro futuro. Aunque sin desalentarnos abiertamente, mi madre actuó como portavoz al instarnos a que nos diéramos ni un paso de avance en esta adopción mientras no recibiéramos de Dios una respuesta clara, concisa, que nos proporcionara paz al corazón. La madre de Jon, hablando con sinceridad y sin inhibiciones, mostró una mayor resistencia. Ella adoraba a nuestras hijas, atesorando sus caritas angelicales y su pelo negro sedoso brillante. Eran su sangre, y por todas las apariencias externas eso era más que obvio. A Jon y a mí nos preocupaba que cualquier bebé que no compartiera nuestra propia sangre fuera para siempre separado, puesto a un lado, diferente. No estaba segura de si en este caso estaríamos actuando en el mejor interés del niño.

La confusión reinaba cuando los cuatro nos sentamos esa noche a cenar. Habíamos pasado todo el día meditando y orando. Mientras les servía a las niñas su comida, Jon habló. No recuerdo sus palabras exactas, pero era como si nadie más estuviera en la habitación. Él hablaba con sabiduría, veracidad, amor y fuerza. Yo había cerrado mi boca y me quedé escuchando, lo cual, debo confesarlo, en general es raro en mí. La tranquilidad había descendido y allí estaba esa paz profunda que había estado buscando todo el día.

Segundos más tarde me sentí como si estuviera al borde del océano que se acercaba, observando cómo el oleaje se deslizaba por mis pies en su retorno hacia el mar. Por fin hallé mi voz y dije en un susurro: «La respuesta es que no, ¿verdad?». Jon respondió: «Sí, pienso que así es».

Me incliné, todavía con el cucharón en la mano, y lo abracé con fuerza por largo rato.

Me sentía muy tensa y abrumadoramente triste cuando Jon y yo le telefoneamos a Jamie y su familia a la mañana siguiente para explicarles nuestra difícil decisión. Les habíamos lanzado un salvavidas y ahora se lo quitábamos antes de que ellos pudieran tener la oportunidad de agarrarlo. Entendía su dolor, su confusión e incluso su ira.

Apenas un día antes, al ponerse el sol, un ámbito nuevo por completo de posibilidades prometedoras se encontraba en el horizonte, sin embargo hoy, al levantarse la niebla de la mañana, se revelaba una aterradora verdad. El bebé Jeremiah, que fue el nombre que le pusieron, sería llevado a una casa en donde su madre dejaría atrás sus recuerdos de la niñez para darle lugar a una cuna y una mesa de cambiar pañales. Él tendría una abuela que lo adoraría y se elevaría a la altura de la situación, defendiéndolo contra toda negatividad procedente del mundo externo. Jon y yo colgaríamos el teléfono para decidir qué hacer con el inmenso vacío que ahora existía en nuestros corazones.

A veces saber que una decisión es la correcta no hace que sea más fácil de soportar el aguijonazo de las consecuencias. En un intento por recordar nuestro breve vislumbre de lo que oramos llegara a ser una vida larga y bendecida para un bebé que había tocado nuestra existencia, Jon y yo sembramos una vibrante hortensia floreciente durante el fin de semana del Día de Recordación a los Caídos… nuestro arbusto Jeremiah. Lloré durante semanas mientras observaba los delicados pétalos mostrar sus brillantes matices azules, recordándonos de nuevo el tierno regalo envuelto en azul al que voluntariamente había renunciado.

Nuestro muy memorable viaje a Disney. ¡Nuestras primeras y últimas vacaciones como una familia de cuatro integrantes!

3 Nuestra decisión, nuestro destino

> Los hijos son una herencia del SEÑOR, los frutos del vientre son una recompensa. Como flechas en las manos del guerrero son los hijos de la juventud. Dichosos los que llenan su aljaba con esta clase de flechas.
>
> SALMO 127:3-5

Conforme los días se iban poniendo más calurosos, todavía lamentaba la pérdida de mis sueños, que se habían visto frustrados. De nuevo acudí a mi esposo con la esperanzas de renovar nuestro bien ensayado debate acerca de tener más hijos. Jon estaba preocupado. Se preocupaba por mí, por los turbulentos meses de mi embarazo con las gemelas, y por el potencial costo que otro embarazo le exigiría a nuestra contenta y estable familia. Él detestaba pensar en más inyecciones, más estrés y más visitas al médico. Por sobre todo, Jon se preocupaba por la posibilidad de tener gemelos de nuevo.

Sin embargo, percibí una grieta en su armadura. Se estaba ablandando. Él sabía que solo una cosa en este mundo llenaría el doloroso vacío que yo sentía, y esa cosa era muy suavecita, con un aroma agradable (la mayoría de las veces), y tenía el poder de iluminar toda la habitación por medio de una sonrisa sin dientes.

Por último, él convino en atravesarlo todo de nuevo, solo una vez más por otros tres ciclos, un tiempo de consagración total de seis meses. Grité de alegría, lanzándome al teléfono para hacer una cita con el especialista en infertilidad allí mismo en Wyomissing, apenas a minutos de nuestra casa. Con mi primer embarazo había conducido durante una hora por carretera hasta Allentown, Pennsylvania. Aunque era obvio que había tenido éxito con esa doctora, sentí que la conveniencia de ver a un médico respetado en nuestra propia ciudad tenía mucho sentido, en especial con dos exigentes niñas de dos años en casa.

Mi primer ciclo fue similar a todo lo que recordaba: las dolorosas inyecciones para ayudarme a ovular, el consiguiente trastorno hormonal, las frecuentes visitas al médico, y finalmente los ultrasonidos. Me mantenía con los ojos fijos en la meta, resistiéndolo todo con la esperanza de ser bendecida de nuevo con la buena suerte de sostener en mis brazos el premio tan esperado.

Para dejar de pensar un poco en este proceso tan extenuante, decidí que ese sería el tiempo ideal para premiar a Mady y a Cara, que pronto cumplirían tres años, con el sueño de toda niñita: Disney World. Como en todo proyecto que acometo, me obsesioné con las vacaciones de nuestra familia para que fueran uno de esos recuerdos que duran toda la vida. Investigué con gran entusiasmo todo detalle que Disney ofrecía, desde desayunar con la Cenicienta en su exquisito castillo hasta la mejor hora del día para montarnos a dar un paseo con Dumbo. Nuestro viaje culminaría con una visita relajante a la encantadora y apacible casita de los tíos de Jon para un muy necesitado período de desintoxicación de un cierto ratón alegre y todo el caos que el mismo implica.

Jon no podía comprender mi urgencia para irnos de vacaciones durante un tiempo tan potencialmente imprevisible de nuestro proceso para quedar encinta. Yo, por otro lado, tenía altas esperanzas de que nuestras vidas llegaran a estar considerablemente más ocupadas durante el año siguiente. Sentía como si necesitara darles ya este importante regalo a nuestras curiosas y alegres niñas, porque después de todo, podrían pasar años antes de que pudiéramos tener la oportunidad de disfrutar de tales vacaciones después que llegara otro bebé.

Poco antes de que saliéramos para Florida nos enteramos de que mi primer ciclo de tratamiento no había tenido éxito; como consecuencia, disfruté de una de las mejores vacaciones de mi vida al pasar del rápido aumento a la inmediata disminución de hormonas. Aunque nos sentíamos un poco desilusionados, no pude borrar la alegre sonrisa de mi cara al mirar a nuestras dos alegres bolitas llenas de energía gritar de pura alegría mientras montábamos el monorraíl para llegar al parque y estrechábamos la mano de Mickey con su guante blanco.

Luego nos sentamos en la playa de arena blanca que rodea la casa de nuestros parientes leyendo contentos, observando a Mady y a Cara cavar en la reluciente arena caliente, y empapándonos de la tan necesitada quietud. Incluso ahora en mis peores días, cuando reina la anarquía, los ojos se me llenan de lágrimas al recordar la sencillez y los placeres simples de esas vacaciones raudas y pacíficas, en verdad únicas en la vida.

Septiembre fue el mes de descanso entre los tratamientos de infertilidad. Era un descanso muy necesario que el cuerpo, y pienso que también la mente, requería para recuperar en algún grado el equilibrio interno antes de aguantar de nuevo el ataque de las esperanzadoras inyecciones.

Antes de que nos diéramos cuenta, llegó octubre, trayendo consigo los días frescos y los brillantes matices del otoño en el hemisferio norte. Sentí una extraña calma descender sobre mi espíritu mientras veía a las niñas reírse y brincar sobre las crujientes hojas que acababan de caer en el patio. Sabía con todo mi ser que ese sería el mes. Ese sería el mes en que finalmente recibiríamos alguna noticia positiva.

No podía apartar de mí tampoco el recuerdo de mi querida, dulce y tan intuitiva Mady, que habiendo apenas cumplido tres años, me había hecho una declaración con toda la confianza tranquilizadora de un predicador un domingo por la mañana. Yo había estado reposando en el sofá poco antes de salir de vacaciones, llorando y lamentándome por las noticias de que nuestros esfuerzos iniciales habían sido en vano.

Ella subió de su cuarto de juegos y me preguntó: «Mamá, ¿por qué lloras? ¿Se trata de un hermanito o una hermanita?». Eso no era extraño, porque incluso a tan tierna edad, estoy segura de que ambas, Mady y Cara, se habían percatado del hecho de que mamá y papá conversaban

3. Nuestra decisión, nuestro destino

muy a menudo en cuanto a tener un bebé. Entonces ella con gentileza y cariño me acarició la pierna con su manita suave como algodón y profetizó: «Será pronto. Será pronto».

Sentí un escalofrío recorrerme literalmente hasta la coronilla. Era como si Dios hubiera enviado a un ángel poderoso en pijamas, de tamaño diminuto, para inspirarme confianza cuando más la necesitaba. Capté el estímulo, lo atesoré muy dentro de mi corazón, y me paré firme con toda la confianza de un clavadista olímpico en la plataforma más alta y aterradora, lista para lanzarme de cabeza.

Apenas unas semanas más tarde, Jon y yo nos encontrábamos sentados en una oficina alegremente decorada, esperando con ansias los resultados de mi más reciente serie de inyecciones. Para nuestro inmenso alivio, nuestro médico nos informó feliz que según todos los indicadores había sido un gran ciclo. Dedicamos unos minutos a repasar los próximos pasos del proceso, el primero de los cuales sería un ultrasonido para determinar exactamente cuántos folículos maduros se habían desarrollado.

Como en toda reunión, Jon y yo expresamos, por un lado, nuestra seria preocupación ante la posibilidad de múltiples concepciones, y por otro, nuestro deseo de que el médico entendiera por completo nuestra posición indeclinable en cuanto a una reducción selectiva. La reducción selectiva, en mi opinión, es el término políticamente correcto para el proceso por medio del cual a un feto se le inyecta una dosis letal de cloruro de potasio, que de manera inmisericorde silencia para siempre los latidos rítmicos de su diminuto corazón. Jon y yo creemos que toda vida, ya sea segundos después de la concepción o luego de un período completo de cuarenta semanas, robustamente saludable u horriblemente enferma, desarrollada por completo o con severas limitaciones… toda vida es diseñada y ordenada de Dios. Por consiguiente, jamás consideraríamos escoger terminar con esa vida de alguna manera en ningún momento. Punto.

En el ultrasonido, programado para una soleada mañana de domingo, el médico quedó encantado. Descubrió tres folículos maduros y posiblemente un cuarto folículo con el potencial de madurar. Aunque Jon y yo teníamos ese tipo de expectativa que antecede a la Navidad, aun así nos preocupamos de que los cuatro folículos pudieran de alguna manera ser fertilizados. Hasta ese momento, cuando hablábamos de múltiples, básicamente nos habíamos estado refiriendo a la posibilidad de gemelos. Esa había sido nuestra experiencia, así que esa era nuestra realidad. Nunca en verdad permitimos que nuestra mente le diera cabida a la idea de que múltiples fueran más que mellizos. Como si leyera nuestros pensamientos, el médico se apresuró a asegurarnos que estadísticamente sería muy improbable que los cuatro o incluso tres de los folículos fueran fertilizados. También nos explicó una vía de escape si quisiéramos escogerla. Simplemente podíamos descontinuar las inyecciones y repetir el proceso en dos meses, apuntando a suficientes pero no demasiados folículos.

Mientras regresábamos a casa en el auto , volví a meditar en silencio en las profundas conversaciones que Jon y yo habíamos tenido antes de siquiera poner un pie en el consultorio de ese médico. Habíamos analizado las alternativas: ¿Qué tal si son gemelos? Pues bien, pensábamos, ya lo hicimos una vez, así que por cierto podríamos hacerlo de nuevo. Eso significaría que nuestra familia quedaría definitivamente completa, bendecida por partida doble. Puse una marca en el lado del sí de mi lista mental.

¿Qué tal si son trillizos? Uhm. Eso sería un poco más difícil. Sin embargo, al pensar en las cosas prácticas, como el suficiente espacio en la casa y las finanzas, decidimos que aunque por cierto sería más de lo que habíamos planeado, queríamos hijos, nos encantaban los hijos, y de buen grado y agradecidos aceptaríamos lo que fuera que Dios nos enviara. Así que después de una búsqueda exhaustiva en el corazón, marqué el sí de nuevo.

Eso nos llevó a la posibilidad de cuatrillizos. Vacilando, entramos de puntillas en este territorio, como si al quedarnos lo suficiente tranquilos pudiéramos evitar que al gigante dormido se despertara. ¿Valía la pena en realidad diseccionar todo aspecto de este «gigante». improbable si la realidad era que teníamos quizá una mejor probabilidad de que nos cayera un rayo?

Millones de pensamientos me pasaban por la mente, pero tanto Jon como yo teníamos en el fondo paz, aun al principio. Estábamos unidos

3. Nuestra decisión, nuestro destino·

en nuestra decisión de proceder con ese ciclo. Incluso al dirigirnos al auto después de la cita con el médico ese día, nunca olvidaré las palabras de Jon cuando se volvió hacia mí con completa convicción y me dijo: «Nunca lamentaremos tener demasiados hijos. ¡Hagámoslo!». Dejé escapar un profundo suspiro y sentí que una paz me inundaba.

Ni siquiera me imaginé en ese momento que estábamos pisando tierra santa y necesitaría la paz de Dios para sostener mi propia vida mientras él me llevaba por el campo minado de sorpresas que tenía por delante. Habíamos sopesado con cuidado todas nuestras probabilidades y con temor pero con alegría decidimos dar un paso por fe y aprovechar mi gran ciclo.

Me aplicaron una inyección final de gonadotropina coriónica humana, llamada de forma común GCH, a la que pronto siguió la significativa culminación de todo el largo proceso involucrado: la inseminación intrauterina.

Nada como una escena romántica, rosas de tallo largo, un vino suave o una luz tenue precedió a este suceso. Más bien fue una cita en un frío cuarto estéril, con luces brillantes por encima e incómodos estribos. No importaba. Nada podía apagar nuestro entusiasmo, pues sabíamos que la ciencia y los seres humanos habían hecho su mejor esfuerzo, y ahora el resultado en última instancia estaba en las manos de Dios. Era como si acabara de correr una agotadora carrera de relevos, la batuta había sido pasada, y la línea de llegada finalmente estaba a nuestra vista. Mientras permanecía acostada mirando el cielo raso, oré: «Por favor, Señor, permite que quede encinta».

Pasaron algo más de dos semanas, y el viernes 8 de noviembre me encontraba trabajando en una ajetreada sala de operaciones durante una cesárea de rutina. Había llegado al hospital unas pocas horas antes, esgrimiendo de nuevo una varita blanca de prueba que mostraba de forma innegablemente el más tenue rosado de los principios de un embarazo.

Mi corazón, por supuesto, saltaba de gratitud, pero mi cuerpo se sentía débil, hinchado e incómodo. Con tanto dolor, que empeoraba con cada hora que pasaba, en realidad temía que pudiera derrumbarme en algún punto durante la corta cirugía mientras trataba de mantenerme concentrada en la paciente y su recién nacido. El trabajo alrededor de mujeres que atraviesan por toda etapa de incomodidad, y algunas de las cuales están soportando una franca agonía, disminuye de alguna manera las quejas tímidas de un vientre hinchado y adolorido. Me las arreglé para terminar mi turno y al regresar a casa me derrumbé con gratitud en la cama que me esperaba.

Durante una noche de sobresaltos me sentía cada vez más incómoda, y con el lento pasar de las horas oscuras el dolor se convirtió en un alarido candente que me destrozaba el abdomen. Me desperté a la mañana siguiente llorando por el dolor, mientras Jon preocupado me suplicaba que por favor fuéramos al hospital. Ninguno de nosotros en ese momento consideró siquiera de forma vaga que ese dolor posiblemente pudiera estar relacionado de alguna manera con los tratamientos de fertilidad que había recibido apenas unas pocas semanas atrás. Incluso si se nos hubiera ocurrido, una visita al hospital definitivamente no estaba en mis planes para ese día. Mi hermana menor, Rissa, se iba a casar. Era sábado, su día especial, y yo no quería perdérmelo.

De forma estoica, pero tonta, apreté los dientes y aguanté, aunque me senté callada y con la cara color ceniza durante toda la celebración. Mi familia, por supuesto, veía con claridad que yo estaba muy mal, y después de mucha insistencia, por fin acepté dejar las festividades temprano, así que me fui a casa y me metí en la cama a las nueve y media de la noche

Mis esperanzas de dormir me abandonaron por completo a medianoche. El dolor me enloquecía. Mi vientre para ese entonces estaba enorme e hinchado, y la terrible agonía me consumía. Con desesperación estuve de acuerdo en que era tiempo de ir al hospital, mientras Jon llamaba a su padre para que viniera a quedarse con las niñas.

En el hospital me ayudaron a subirme a una camilla, pero por desdicha, debido a la avalancha de pacientes que llegaban, esperé interminablemente en el pasillo. Mi estómago parecía y se sentía como si fuera a estallar. Jon trataba de explicarle al médico de turno de forma frenética que mi vientre normalmente plano ahora estaba distendido de un modo grotesco. Entonces, después de soportar un examen exhaustivo, se me dijo que llamarían a un cirujano general al hospital para consultarlo, y era probable que me prepararan para una cirugía exploratoria poco después.

Mientras permanecía medio inconsciente, consolada apenas por una dosis de morfina, Jon contestaba las preguntas de ametralladora que el médico hizo en su búsqueda por aliviar la fuente de mi agonía. Por último decidió que debía hacerme primero un ultrasonido, y todo lo que recuerdo es haber oído a la técnica del departamento de obstetricia y ginecología decir en voz baja repetidamente: «¡Oh, por Dios… ay, Dios mío!». Incluso sumida en mi nebuloso delirio, podía decir por la mirada de las personas que me rodeaban que algo andaba mal, muy mal.

El médico a la larga explicó que mi estómago estaba lleno por completo de fluido debido a que los ovarios habían sido demasiado estimulados. ¡Mis ovarios en realidad se habían hinchado hasta tener aproximadamente el tamaño de la cabeza de un recién nacido! El extremo dolor se debía a que los mismos chocaban contra mis otros ahora atiborrados órganos. Esta condición es solo evidente en alrededor del dos por ciento de las mujeres que se someten a un tratamiento similar de infertilidad.

Fabuloso, pensé con sarcasmo, me las arreglé para vencer las probabilidades. Sintiéndome desdichadamente débil y enferma, estuve agradecida por el efecto narcótico de las medicinas mientras el médico realizaba una paracentesis, procedimiento parecido a una amniocentesis, el cual extrajo con rapidez como dos y medio litros de fluido de mi abdomen. Muy agotada y deshidratada, pasé los próximos días en cama recuperándome de mi traumática experiencia, primero en el hospital y después en casa.

El domingo, mientras todavía estaba en el hospital, los médicos, sabiendo que había tenido una prueba positiva de embarazo, verificaron de rutina mi nivel de GCH. Normalmente una mujer recibe un resultado positivo de embarazo cuando su nivel de GCH es de veinticinco o más alto. Luego se espera que esa cifra casi se duplique cada treinta horas hasta como ocho semanas después del último ciclo menstrual, cuando finalmente se nivela. Mi nivel de GCH estaba en doscientos, y todavía faltaba un día para que hubiera tenido mi período. Para el martes, apenas un día más tarde, ese número saltó a novecientos.

Considerando que el rango normal es bastante amplio, nadie había mencionado todavía la posibilidad de que podía estar llevando más de un bebé. Sin embargo, yo simplemente lo sabía. Ya había tenido gemelas antes. Aunque eso en sí mismo no me hacía una experta. Se trataba de algo más profundo. Llámesele intuición de madre o la voz de Dios. Sin importar lo que fuera, yo tan solo sabía que mi cuerpo, mente y alma revoloteaban con entusiasmo por algo importante que iba a tener lugar.

Jon, por otro lado, siempre optimista, dijo: «Pienso que es solo uno, Kate. No te apresures a hacer ninguna conclusión tan temprano».

●

El viernes antes del Día de Acción de Gracias del 2003, fui a ver a mi especialista en infertilidad, recordando al atravesar la puerta que la ciencia podía hacer algo solo hasta cierto punto, pues el resto descansa en los soberanos planes de un Dios todopoderoso. Ese pensamiento resonaba en mi cabeza mientras la lisa varilla del artefacto del ultrasonido se deslizaba de nuevo sobre mi útero. Parpadeé con fuerza y luego contemplé la brillante pantalla colocada ligeramente a mi derecha. Al instante mi mente captó la información. Yo era enfermera. Había tenido gemelas. También tenía experiencia en lo que al parecer serían cientos de ultrasonidos. No había equivocación en lo que veía, sin embargo, por un instante me sumí en un estado de negación. Simplemente no podía permitir que mi cerebro procesara lo que mis ojos estaban diciéndole.

Como si estuviéramos en trance, todos continuamos contemplando la pantalla, mientras de forma lenta y continua el médico empezó su fatídico conteo. Uno. Dos. Tres. Cuatro. Comencé a gimotear. Me percaté de la concentración en los profundos ojos oscuros de mi médico africano mientras él mismo trataba de mantener la calma a medida que se revelaban las imágenes. Me volví hacia Jon, deseando que me dijera que no era lo que parecía. El escalofrío de la realidad me envolvió mientras observaba a mi esposo —mi mejor amigo, mi confortador y mi almacén de fortaleza— caer lentamente de rodillas al conteo de cinco. Lleno de terror y con nauseas, no pudo continuar mirando. En realidad

3. Nuestra decisión, nuestro destino

no pienso que alguien quisiera mirar más, pero la cuenta continuó. Seis. Siete. Letra G. Sí, los pequeños destellos borrosos que cambiarían la vida estaban recibiendo nombre. Ahora serían, A, B, C, D, E, F y G.

Hubo una ligera elevación en la inflexión de la voz del médico al tratar de sonar positivo. Pienso que tanto para su propia comodidad como para la mía pasó a explicar que podía detectar un feto en «apenas» cuatro de los sacos embrionarios. Mientras Jon y yo tratábamos de recuperar nuestra respiración, una enfermera con veinticinco años de experiencia se volvió hasta mí y con una calmada veracidad dijo con gentileza: «Kate, en todos estos años nunca he visto tantos sacos en un ultrasonido».

En ese momento sentí ganas de abalanzarme hacia ella, poner una mano sobre su boca, y gritar como lo hacía cuando era apenas una chiquilla peleando con mi hermano: «Di que no es así». Por supuesto, no lo hice, y no podía hacerlo porque sabía que sus palabras eran como un remedio de mal sabor que se me daba para mí propio bien. Tuve que sentarme y pensar sobre esta áspera dosis de verdad.

Nos quedamos sentados en medio de un aturdido silencio, el cual fue interrumpido de forma abrupta cuando el médico dijo con calma: «Kate, cuando hayas acabado aquí, ven a mi oficina y hablaremos en cuanto a la reducción selectiva». Como si me hubieran golpeado con un látigo, agarré los lados de la mesa de examen y levantándome sobre mis codos grité: «¡Nunca haremos eso!». Sentí mi primer impulso feroz de protección maternal hacia mis bebés no natos… ya fueran dos, cuatro, e incluso siete de ellos.

Estaba aturdida por completo mientras me vestía. Sentí una casi insoportable tentación de anudarme mis zapatos y salir corriendo. Solo quería sentir mi corazón palpitando y el viento en mi cara mientras dejaba atrás el agujero negro del pandemonio amenazador que se extendía como un derrame desastroso de petróleo. No obstante, comprendí de golpe que el problema permanecería conmigo dondequiera que fuera y sin importar lo que hiciera de ese día en adelante, sabía que potencialmente siete vidas inocentes dependían de mí.

Con ese pensamiento, y tal vez un millón de otros corriendo por mi mente, tomé asiento con resolución en la resistente silla de madera de cerezo de la oficina del médico. Él y yo nos enfrentamos mientras me ofrecía hechos e información, estadísticas y detalles tétricos de cómo mi vida correría riesgo. Nunca podría resistir el costo físico que este embarazo exigiría. Podía morir. ¿Qué tal de mis dos encantadoras niñas que estaban en casa? Ellas me necesitaban y merecían crecer teniendo a su mamá. Los riesgos para mis siete bebés también eran enormes y no se podían negar. Dando por sentado que el campo médico fuera capaz de lograr que ellos llegaran a una edad viable de gestación, que de modo usual era de por lo menos veinticuatro semanas, todavía corrían el riesgo de sufrir de pulmones prematuros, ceguera, parálisis cerebral y retardo mental… para nombrar apenas unas pocas posibilidades.

No vacilé. Mirando a Jon a los ojos con determinación, le pregunté si en realidad podría presentarse un día ante el Señor y admitir que había permitido que mataran a nuestros preciosos bebés a fin de hacer nuestras vidas más fáciles y convenientes.

La misma enfermera preocupada que con cariño había estado a mi lado durante nuestro ultrasonido me suplicó que por favor dejara de usar la palabra «matar». No lo hice. No podía. Para mí eso era justo de lo que se trataba. Dígame cómo yo, como madre, iba a «seleccionar» cuál palpitar del corazón apagar como si fuera simplemente una vela. Por favor, no piense que estoy juzgando a todas las mujeres que se han enfrentado a esta horrible decisión. Solo puedo responder por mí misma, porque «mi familia y yo serviremos al Señor».

Jon, incluso ante el riesgo de perderme y tener que criar a Mady y a Cara él solo, estuvo de acuerdo conmigo de forma incondicional. Quién viviría y quién moriría no era una decisión que descansaba en nuestras manos humanas.

Mi médico, temblando de un modo visible, se levantó y dio un puñetazo sobre su escritorio para hacer énfasis. Declaró que sería una batalla larga, ardua, cuesta arriba, que él me instaba encarecidamente a no librar. Me di cuenta de que me había convertido en la peor pesadilla de un médico de fertilidad, y el amanecer todavía estaba muy lejos.

Descansando en nuestro hogar.

4 ¿Qué hacemos ahora?

> Así que no temas, porque yo estoy contigo; no te angusties, porque yo soy tu Dios. Te fortaleceré y te ayudaré; te sostendré en mi diestra victoriosa.
>
> ISAÍAS 41:10

El regreso a casa desde el consultorio del médico ese día transcurrió en medio de un espeluznante silencio; ambos estábamos perdidos en nuestros propios pensamientos y demasiado agotados emocionalmente como para formar algo que se pareciera, aunque fuera un poco, a una frase. Volvimos a la casa en la Avenida Dauphin, de la que habíamos salido apenas unas horas antes. Ahora, incluso nuestro abrigado y seguro refugio, no ofrecía seguridad ante la avalancha de cosas desconocidas. Estuvimos angustiados durante toda la semana, sintiéndonos como si nos hubieran dejado caer en una tierra extranjera o un territorio sin cartografiar, en donde ni siquiera hablábamos el idioma. Nos parecía que estábamos perdidos por completo, orando cada día pidiendo dirección y guía. Felizmente, a los pocos días empezamos a sentir poco a poco la gracia de Dios reduciendo nuestro inmenso temor. Era como si fuéramos pioneros en una tierra inexplorada, permaneciendo de pie en aguas frías y cerniendo millones de granos de arena en busca de una diminuta pepita de oro reluciente, la promesa de un mañana brillante.

Durante ese proceso de examen del alma y aceptación, Jon y yo fuimos a la cena del Día de Acción de Gracias en la casa de mis padres tratando de responder a las preguntas preocupadas de la familia sin producir demasiada alarma. Sencillamente anunciamos que estábamos de nuevo esperando por lo menos gemelos. Todo el mundo estuvo feliz de que yo en verdad me las hubiera arreglado para quedar encinta, por supuesto sin conocer ni en lo más mínimo la miríada de emociones que burbujeaban justo debajo de la superficie.

Mientras servían el postre y la charla entusiasta acerca de los bebés se redujo a una conversación regular de familia, Jon y yo llegamos al primero de muchos descubrimientos en nuestro destino recién hallado. Aunque sabíamos que vimos los círculos en la pantalla, de todos los siete, todavía nos aferrábamos a la esperanza de que tan solo algunos de ellos estarían allí la próxima vez. A pesar de eso, lo que fuera que Dios escogiera darnos, lo aceptaríamos como bendición. Era el Día de Acción de Gracias, y estábamos agradecidos.

Mi gratitud recién hallada fue puesta a prueba con rapidez al mismo día siguiente, viernes negro, como se le llama en el mundo de las ventas al por menor. Mientras millones de personas corrían de un almacén a otro esperando hallar gangas que harían muy feliz a alguien en su recién escrita lista de regalos de Navidad, yo estaba sometiéndome de nuevo a que me embadurnaran de gelatina fría mi ya agrandado vientre en preparación para otro ultrasonido. Aferrándose a cualquier pensamiento tranquilizador que pudiera tener, Jon, un poco riéndose, o un poco atragantándose, bromeó mientras nos dirigíamos a nuestra cita: «Se siente bastante mal cuando uno está orando por cuatrillizos».

Dios contestó esas oraciones… ¡y todavía más!

Estudiamos con detenimiento la pantalla y pronto nos concentramos en los cuatro sacos embrionarios que previamente se habían notado como «ocupados». En verdad contenían diminutos corazones latiendo muy adentro en cada morada con forma de burbuja. Sin embargo, otros dos puntos que palpitaban se mostraron de forma continua, como una llave que gotea en la quietud de la noche. Allí estaban —todos nuestros peores temores en cuanto a las probabilidades más remotas— relampagueando en la pantalla, martillando la realidad con cada pulsación que aturdía. Seis bebés. Solo seis. No se trataba de que simplemente estuviéramos demasiado abrumados, demasiados agotados o demasiado aturdidos para entregarnos al pánico, sino de que en realidad nuestra resolución de lidiar con esta revelación lo más agradecidos que nos fuera posible ya había echado raíces y nuestro testimonio había empezado.

Eso no quiere decir que al instante caímos en un estado de felicidad como padres. Cada día traía un nuevo conjunto de preguntas y retos: dilemas psicológicos, físicos y financieros. Enfrenté con rapidez cambios casi insoportables en mi cuerpo. Sentía náuseas en extremo, estaba agotada por completo, ya había dejado de trabajar, y aunque todavía estaba a principios de mi primer trimestre, me mantenía en total reposo en cama.

Un día «normal» a las siete semanas me hallaba acostada en el sofá de la sala con mis hijas charlando y jugando atareadas alrededor de mí. Nos entreteníamos con juegos como el del «restaurante», donde enviaba a una de las gemelas a pasear hasta el refrigerador para atender mi pedido de yogurt mientras la otra buscaba la cuchara. Observaba medio dormida cómo ellas alineaban sus muñecas bebés, pretendiendo darles de comer y vestirlas, siendo unas mamás cariñosas. Trataba de imaginarme mientras miraba a la vasta variedad de deditos de pies y manos de plástico cómo podría posiblemente dar de comer, cambiar pañales y atender a ese número de bebés reales a la vez.

Una vez oí sin querer a Mady, a la madura edad de tres años, decirle con todo dramatismo a Cara con su más agotada voz fingida que «tenía que ir a acostarse debido a los sextillizos». Me di cuenta de que mis hijas, en su feliz mundo imaginario, ya habían empezado a lidiar con nuestro, mundo real «desordenado»… y por la gracia de Dios lo estaban haciendo bastante bien. Eran lo suficiente pequeñas como para en realidad no conocer algo diferente, y sin embargo, lo bastante maduras como para vocalizar lo que sentían.

Tuve la bendición de contar tres mañanas a la semana con la ayuda de una bondadosa mujer llamada Ruth, a quien el papá de Jon por su propia cuenta se había ofrecido a contratar. Las niñas esperaban a un nuevo público al cual entretener, y yo esperaba con ansias las pocas horas de quietud seguidas de la siesta tanto para las niñas como para mí.

También les permití por primera vez desde que nacieron que viajaran en un auto que no fuera conducido por Jon o por mí. Una amiga y vecina se ofreció a llevarlas una vez a la semana a la biblioteca. Esta decisión para mí fue difícil. Recuerden que tengo la manía de controlar-

4. ¿Qué hacemos ahora?·

lo todo, y permitir que mis preciosas niñas estuvieran fuera de mi vista incluía darles un poco de independencia, lo cual no estaba acostumbrada a hacer. Mientras las veía brincar en la puerta del frente después de su primera aventura hasta los emocionantes anaqueles llenos de libros de nuestra biblioteca local, me di cuenta de que Dios con toda certeza estaba teniendo éxito al enseñarme la primera de muchas lecciones difíciles. Bien pudiera haber pensado siempre que yo tenía el control, que las niñas eran mías, pero él estaba diciendo: «No, Kate; son mías primero. Yo las amo incluso más de lo que tú jamás podrías amarlas. ¡Déjame tener el control!». Fue con un nudo en la garganta y una rendición en el corazón que finalmente le entregué no solo el control de mis parvulitas, sino también el de mis seis hijos nonatos, al Dios todopoderoso que creó el vasto universo y con toda certeza vigilaría a mi súbitamente creciente familia.

Durante todo ese tiempo en el sofá, mi cabeza bullía con las muchas tareas que había que hacer para Navidad, la que se acercaba con rapidez. Mis diminutas ayudantes me trajeron pluma y papel, con los cuales garabateé una relación detallada de todo lo que había estado en mi lista original de «cosas por hacer», pero que habían quedado en el olvido semanas atrás. Luego procedí a llamar a las tropas, que adoptaron la forma de la familia y los amigos, quienes vinieron a mi rescate y fueron de compras hasta caer agotadas. Una vez más Dios estaba susurrándome una lección. Estaba enseñándome que aunque había estado siempre muy orgullosa de levantarme con mis propios pies y ser en extremo autosuficiente e independiente, ahora iba a necesitar tragarme el orgullo y pedir ayuda. Esto era por el bien de mi familia. Ellos necesitaban que estuviera en mis cabales, con salud y fuerza, no tan solo en control.

Los días oscuros del invierno llegaron con lentitud. Además de esperar las fiestas, también sentía recelo mientras aguardaba mi próxima cita con el médico a las ocho de la mañana la víspera de Navidad. Tenían programado insertar un catéter periférico central o conducto PICC en mi brazo izquierdo. Este tubo intravenoso permitiría que yo misma me aplicara fluidos en casa, y se esperaba que eliminara, o por lo menos redujera, mis visitas demasiado frecuentes al hospital debido a la deshidratación. Aunque el proceso real de inserción es, digamos, nada agradable, estaba deseosa de que lo hicieran. Lo había pedido en específico durante mi búsqueda para ser lo más independiente posible por todo el tiempo que fuera razonable.

Para entonces estaba yendo a ver a un nuevo médico en Hershey, Pennsylvania. Debido a que requería las instalaciones más modernas y la mayor pericia que un hospital grande ofrece, tuve que escoger entre Filadelfia o Hershey. Escogí esta última ciudad porque Hershey estaba a menos de una hora en automóvil desde casa, y contaba con mucho menos tráfico. Sin embargo, el factor que más influyó fue el doctor Botti. Después de nuestra conversación inicial con este hombre humilde, supe que él era quien me ayudaría en este sinuoso camino lleno de baches hasta el momento del alumbramiento. Él es bondadoso y brillante, pero más importante aún, parecía entender que era tan solo un instrumento que el Gran Médico estaba usando para ver que tanto a mis bebés como a mí misma se nos diera la mejor probabilidad de sobrevivir.

Antes de la cita habíamos decidido quedarnos por la noche con mis padres, que vivían en la pacífica campiña de Pennsylvania, no lejos del hospital Penn State Milton S. Hershey. Sería un hermoso descanso de nuestra rutina diaria y a las niñas les encantaría cualquier tipo de paseo, gozando por completo de la atención y disfrutando de lo que ellas percibían como una pequeña aventura.

De repente, nuestra agradable visita antes de los días feriados se frustró de manera abrupta. Me desperté en plena noche sintiendo lo que ninguna mujer encinta en su primer trimestre quiere sentir: una abundante salida de fluido que solo podía significar que algo anda terriblemente mal. Luchando por permanecer en calma, me quedé quieta en la cama, esperando la pálida luz de la mañana sobre el cielo raso y orando con todas mis fuerzas que simplemente me estuviera imaginando cosas. A la larga reuní valor suficiente como para deslizarme hasta la pequeña bacinilla que mi madre, con mucha sensatez, había colocado cerca para que yo la usara.

4. ¿Qué hacemos ahora?

Tan pronto como noté la inimaginable cantidad de sangre fresca, simplemente lancé un alarido y continué gritando. Jon, por supuesto, se levantó de un salto y se puso en acción, llamando a mi madre y a la línea de atención de emergencia del médico, la que estuvo siempre ocupada durante casi una hora. Se nos dijo que fuéramos a la sala de emergencia de inmediato. Mi preocupada madre puso en mi temblorosa mano un puñado de tarjetas de archivador mientras a toda prisa abríamos la puerta del frente y salíamos al gélido aire de la noche campestre.

Al llegar al hospital causamos toda una conmoción mientras en medio de la desesperación nos enredábamos en nuestras propias palabras al tratar de explicar de manera precipitada que estaba encinta con sextillizos. Esto exigió más de un intento, pues varias enfermeras confundidas pensaban que yo estaba diciendo que ya tenía seis hijos. Una vez que al fin se dieron cuenta de mi frágil y desusada condición, me llevaron a una habitación tranquila en comparación, todavía en el departamento de emergencia, en donde todo lo que recuerdo es que repetía una y otra vez: «Por favor, háganme un ultrasonido. ¡Por favor!».

La brusca doctora que habían llamado para que me examinara resumió con rapidez la caótica situación y de forma cortante pidió un envase plástico de recolección. Como enfermera sabía que ella pensaba que estaba teniendo un aborto espontáneo y necesitaba una muestra de tejido para verificar su contenido.

Una oleada de emoción me golpeó como si fuera una ventisca helada de invierno. Después de semanas de conformarme con mi embarazo riesgoso, de lidiar con el subibaja de emociones, de por fin lograr alguna forma de aceptación, sentí que todo se me escurría entre los dedos. Gemí afligida y dolida de que este alocado y doloroso drama llegara a su final justo cuando Jon y yo estábamos sintiéndonos listos para hacerle frente. Sentí crecer en mí una fortaleza como la de una osa madre furiosa. Quería a esos bebés, y estaba lista para luchar por ellos.

Exigí que la doctora me permitiera ver el contenido del envase, y después de mucha pelea verbal, a regañadientes me lo entregó para que lo inspeccionara. No solo debido a mi capacitación como enfermera, sino también por mi instinto de madre, claramente me convencí de que no había tejido en el envase, así que exigí que me viera el doctor Botti. Al fin, después de lo que parecieron horas, fue posible hablar por teléfono con mi obstetra, y le supliqué una vez más que me hicieran un ultrasonido. Con toda calma él me aseguro que enviaría a sus propios técnicos directo al hospital, y que ellos realizarían el ultrasonido lo más pronto posible. ¡Gracias a Dios! Finalmente sentí que alguien estaba escuchando.

Después de lo que pareció una eternidad, me encontraba acostada de nuevo en la fría mesa con el salón en penumbra. Me posicioné con todo cuidado para tener una visión clara de la pantalla del equipo de ultrasonido, quien me informaría lo que sucedía en mi útero como si se tratara de un fascinante reportaje exclusivo del noticiero nocturno. Estaba tan absorta en mis pensamientos que primero oí a la concentrada técnica como si estuviera a la distancia: «Veo seis».

«¿Qué?», dije entrecortadamente. «Jon, ¿dijo ella seis?». Supliqué esperando una confirmación. Más que cualquier otra cosa en el mundo, como cualquier otra madre encinta, quería que mis bebé estuvieran bien, seguros en su oscuro y apretado refugio muy dentro de mi ser.

Oí que mi esposo respondía: «Yo conté también, Kate. Seis corazones».

Con agradecimiento gemí: «Gracias, Señor; gracias, Señor. ¡Todos están aquí!». Desde ese momento, y en lo adelante, todo el mundo alrededor de nosotros sintió la electricidad, la emoción, y pienso que la todopoderosa mano de Dios. Tuvo lugar un cambio de ciento ochenta grados en las expectativas y actitudes, y todos ahora apoyaban a los bebés como equipo. Ya no sentíamos las influencias negativas de las estadísticas, sino la verdad positiva de que «con Dios todo es posible». Hasta hoy Jon y yo no referimos a esa noche como nuestro «milagro de Navidad».

Temprano a la mañana siguiente, acudí a la cita programada y procedieron a insertarme la línea PICC. Fue un día largo, por decir lo menos. ¿Cómo se recupera uno de unas horrendas veinticuatro horas como esas? Jon y yo íbamos a aprender muy rápido que esto se hace simplemente poniendo un pie delante del otro y orando con fuerza a cada paso. Y eso fue lo que hicimos.

Volvimos a Wyomissing tarde en la Nochebuena. Una vez en casa, Jon se dedicó a la tarea de ayudarme a acostar para pasar la noche mientras las niñas parloteaban sobre los sucesos del día, haciendo interminables preguntas y salpicándolas con esporádicos recordatorios de lo que traería la mañana siguiente. Mientras permanecía acostada en la cama repasando los sucesos dramáticos del día, me sentí muy sola y aislada mientras escuchaba lo que parecía ser un ruidoso encuentro de lucha libre en el piso superior, en el que intervenían dos encantadoras niñas recién bañadas con pijamas iguales y un papá muy paciente.

Sentí lástima de mí misma mientras revoloteaba en mi cabeza una monstruosa pregunta: «¿Por qué yo?». Lamenté haberme perdido por completo una Nochebuena en la vida de mis tiernas hijas después de haber pasado semanas esperando las sonrisas de Mady y Cara, sobre todo, en su primer año de entender en realidad el verdadero significado de la Navidad. Me sentía como si de alguna manera las hubiera privado de tener a ambos padres arropándolas en sus tibias camas después de hacer que se cepillaran los dientes, leerles un libro, y haber refrescado en sus mentes toda la idea de «visiones de golosinas».

Los cambios estaban sucediendo rápidos y violentos. Esa noche de melancolía me percaté de que mi participación personal en todo momento que provocara algún recuerdo en sus vidas estaba entre los primeros, de muchos sacrificios desprendidos, que Mady y Cara aprenderían a hacer a fin de tener el alto honor de convertirse en hermanas mayores de seis hermanos. A mí, que me encanta lo predecible y detesto el cambio, también recordé nuevamente, que nuestra antigua manera de ser, llena de tradición y orden, quedaría hecha añicos. Como reflejos en un espejo roto, nuestra nueva vida necesitaría reponerse con cuidado pedazo a pedazo antes de que empezáramos a reconocer cualquier parecido con nuestra descripción antigua de «familia».

●

Los días feriados llegaron y pasaron con Jon a cargo de todo lo relativo a las festividades y su madre llenando las brechas. Mientras tanto, yo yacía en el sofá tratando de mantener el ánimo en alto y positivo conforme enero hacía su debut invernal.

Cerca de las catorce semanas tenía el vientre tan redondo y estirado que normalmente se consideraría debía tener una mujer que ya estuviera en los siete meses de embarazo. Me dolía. Todo me dolía mientras mi cuerpo luchaba por comprender y hacer ajustes para la inmensa tarea que estaba siendo llamado a realizar. La mayoría de los días necesitaba una tremenda cantidad de fe y tenacidad mental con un toque de pura obstinación solo para mantener mi cordura. Pasaba horas barajando las tarjetas ya con los bordes retorcidos que mi madre me había dado semanas antes durante mi estadía traumática en su casa. En cada tarjeta ella había escrito con su puño y letra un versículo bíblico que me animaría y me recordaría que el Dios al que sirvo era un Dios todopoderoso, lleno de amor, bondadoso y generoso, que me proveería todo aliento que necesitara, tal como siempre lo había hecho.

Mis dolores y molestias eran tan extensos y frecuentes que cuando sentí un dolor «extraño» una noche de enero durante mi décimo viaje al baño, simplemente lo descarté como tal vez otro inexplicable efecto colateral de mi embarazo desusado. No me di cuenta entonces de que la campanilla del maestro de ceremonias había sonado y me tocaba atravesar por otra serie de golpes contundentes para mí y mi estropeado cuerpo. La implacable sensación de dolor extenuante persistió mientras de nuevo el personal del hospital luchaba por hallar su causa y consideraba con cuidado todos los extraordinarios datos médicos de mi situación. La compasiva enfermera ayudante me puso una inyección del analgésico Demerol, mientras el médico a la larga concluyó que yo había expulsado un cálculo renal. Lancé un profundo suspiro de alivio, puesto que mi apretujada tripulación de bebés y yo habíamos evadido otro susto, estando en libertad para volver a la casa y retomar mi lugar en el sofá.

*Cara, mi hija consolándome durante una visita que me hicieron al hospital.
Nótense los versículos y tarjetas que adornan las paredes.*

5 El arduo trabajo del reposo

Vengan a mí todos ustedes que están cansados
y agobiados, y yo les daré descanso.

MATEO 11:28

Hubo un tiempo en el que cuando oía la expresión *reposo en cama*, evocaba el cuadro de una bendecida futura mamá recostada en su abrigada cama tamaño gigante, yaciendo sobre sábanas recién lavadas y rodeada por diez almohadones situados en la posición precisa. El dulce canto de los azulejos que anidaban en las ramas del cerezo en flor cercano se oiría al filtrarse a través de la ventana abierta de su dormitorio en un brillante y soleado día de primavera. Su alegre esposo entraría en el cuarto con una bandeja hermosamente preparada con un delicioso filete miñón asado a la parrilla, una humeante papa horneada, legumbres orgánicas frescas, y un enorme batido de chocolate con hielo. También en la bandeja habría una rosa muy olorosa y sus revistas favoritas para que las leyera con placidez. Ella estaría sonriendo, recién bañada y serena, con una mano reposando ligeramente sobre el saludable bulto debajo de su vestido de maternidad de moda, regalo de una de sus muchas y frecuentes cariñosas visitantes.

Ya no tengo ese cuadro. Esa burbuja se reventó y en su lugar quedó una almohadilla pequeña, cansada, asustada e incómoda en medio de la realidad.

Mis días de reposo en cama empezaban verificando y documentando mi peso y mi presión arterial. Luego, tenía que ponerme un monitor fetal por lo menos durante una hora cada mañana y después, otra hora por la noche. La máquina le enviaba por teléfono a la enfermera de turno todos los sucesos del día que tenían lugar en mi atareado útero. Ella, eventualmente, llamaba para informar que todo estaba bien o para decirme: «Ven al hospital».

También me aplicaba yo misma inyecciones de Heparina dos veces al día, recetadas para prevenir cualquier coágulo en la sangre. Me aplicaba hielo en el punto escogido para ese día, pero aun, con todo, quedé cubierta de moretones con rapidez.

Sin embargo, no tenía tiempo para detenerme en los moretones, pues debía atender la bomba subcutánea de terbutalina en la parte superior del muslo. Eso es simplemente un nombre elegante para un pequeño artefacto que parece una tachuela clavada en el cuerpo, el que, supuestamente tenemos que pretender no molesta para nada. La medicina que se aplicaba con ella servía para reducir y con un poco de suerte incluso prevenir las contracciones. Tenía que verificar el sitio a diario y después de tres días sacarla, volver a ensartar los nuevos conductos, y reinsertarla en un punto diferente. Todavía me da escalofríos al pensar en esto, no solo porque era obviamente un fastidio que detestaba, sino porque para mi desdicha no funcionaba. La medicina me dejaba sintiéndome agitada y mareada, mientras que los latidos del corazón se aceleraban hasta ciento cincuenta por minuto. Podía mantener la bomba en una regulación baja, pero tan baja que nunca alcanzaba un nivel que se considerara útil.

A las dieciocho semanas casi ni podía agacharme, y la tensión de atendernos a las niñas y a mí estaba causando sus efectos en Jon. Para aumentar nuestro creciente montón de estrés, Jon fue llamado a la oficina de la planta donde trabajaba, acusado de «robarle tiempo» a la compañía, así que le dieron su notificación de despido.

Seis semanas antes Jon les había comunicado a sus jefes la situación de los bebés, porque cuando expirara el período de gracia de mi seguro luego de haber dejado de trabajar, ellos serían añadidos al plan de seguro médico que proveía su compañía. La entidad de inmediato se preocupó de que sus primas «subirían hasta el cielo». Aunque más tarde se dijo en una audiencia en un tribunal que los inminentes gastos de seguro por sextillizos prematuros fueron en verdad un factor para que despidieran a Jon, él perdió el caso.

En apenas dos meses, pasamos de ser una familia acomodada con dos salarios a una pareja que estaba quedándose de manera vertiginosa sin fuerzas, energías, y ahora sin ahorros. Esto fue un golpe serio para nuestros gastos de vida cada vez más limitados, así como para nuestros frágiles egos. Ambos habíamos trabajado muy duro y manejado con sabiduría nuestro dinero, sin embargo, temíamos que se pudiera mirar como holgazanes en nuestra próspera comunidad de buscadores del sueño estadounidense. No queríamos simpatía. No queríamos limosnas. En realidad queríamos que nuestra familia sobreviviera... literalmente. Sabíamos que tendríamos que redefinir lo que eran nuestras necesidades básicas y estirar hasta el último centavo, aprendiendo a ahorrar en áreas en las que ya pensábamos que teníamos un presupuesto apretado.

●

Durante ese mismo tiempo mi médico decidió que al fin había llegado el momento en que debía ser internada en el hospital, en el que permanecería bajo estrecha observación hasta que nacieran los bebés. Escogí la muy temida fecha: 7 de marzo. Apenas estaría en la vigésima semana de embarazo. Eso nos daba justo dos semanas para prepararnos tanto a nosotros mismos como a las niñas para la devastadora partida y la prolongada separación. Yo la temía. ¿Cómo explicarles a unas niñas de tres años que mamá no estará en casa por un par de meses, y que luego, cuando vuelva al hogar, tendrá un estómago más pequeño pero un corazón mucho más grande, repleto de amor, para ocho hijos y no solo para dos? Las niñas escucharon con curiosidad mientras le leía mi lista de cosas para llevar al hospital al papá de Jon, su Poppy, que siempre estuvo más que dispuesto a ayudarnos con nuestros mandados. Ellas ayudaron luego a Jon a empacar mis pocas pertenencias: una gigantesca toalla para la ducha, una esponja de baño con un mango largo para que pudiera lavarme sin tener que agacharme, unas sábanas preciosas color violeta y azul, y por supuesto, algo de sus propios dibujos de arte.

Unas pocas noches antes de que partiera, decidimos darnos el lujo de comer algo que se me había antojado desde hacía semanas: patas de

5. El arduo trabajo del reposo

cangrejo y costillas de un restaurante local llamado El Granero de los Cangrejos. Nos referimos a eso como nuestra Última Cena, aunque para ser justos, fue más bien mi última cena. ¡Jon trató de apoderarse de una o dos patas de cangrejo que quedaban, pero qué puedo decir, en realidad tenía hambre! Con todo, ambos miramos hacia atrás a esa noche evocando el cálido recuerdo de los últimos momentos en privado que tendríamos como pareja por un tiempo muy largo.

No fue sino hasta años después que nos dimos cuenta de que Dios siempre había tenido un plan cuando Jon perdió su trabajo. Él sabía que mi esposo era necesario en casa durante esas semanas difíciles. Debido

Estando en reposo en el hospital

a que él estaba en casa, pudimos prepararnos, y fui capaz de marcharme al hospital sabiendo que Mady y Cara tendrían a su papá para atenderlas bien. Es inimaginable pensar lo que hubiéramos hecho si Jon no hubiese podido quedarse con las niñas. Fue una temporada de nuestros vidas que parecía una pesadilla mientras la atravesábamos. Sin embargo, con la sabiduría que se obtiene al mirar hacia atrás, nos damos cuenta de que esto fue incluso otra bendición, una lección en confianza en cuanto a que Dios cuidaría de cada detalles. Ni siquiera puedo contar el número de veces desde entonces que he experimentado esa verdad.

El 7 de marzo amaneció tranquilo, gris y húmedo, un domingo que parecía como cualquier otro día de los últimos del invierno, excepto para nosotros, y se habló mucho de que era el día en que «mamá iría al hospital». Jon sensatamente colocó frazadas encubridoras en la parte posterior de nuestra camioneta blanca, porque para entonces no podía estar sentada durante el viaje de una hora hasta el Penn State Milton S. Hershey Medical Center, donde nacerían nuestros hijos. Escuchaba a Mady y a Cara charlar en sus asientos de bebé, con la parte superior de sus cabezas apenas visible para mí desde mi cama improvisada. Con valentía nos despedimos de unos pocos amigos de la iglesia que habían venido a visitarnos para comer pizza y orar con nosotros antes de que saliéramos para el hospital. Mientras observaba por la ventana posterior a nuestra casita que permanecía imperturbable, me pregunté cómo era posible que me sintiera tan enorme y voluminosa y sin embargo, al mismo tiempo, tan pequeña e impotente. Traté con desesperación de grabar en mi mente el recuerdo de nuestro barrio. Sabía que pasarían muchos meses antes de que volviera.

Llegué a mi nuevo «hogar lejos de casa», ansiosa y sintiendo ya claustrofobia. Para mi gran alivio, mi mamá, sabiendo que soy una maniática germófoba, llegó a mi habitación en el piso de trabajo de parto y alumbramiento armada de toallitas con blanqueador y jabón antibacterial. De inmediato se dedicó a la tarea y limpió con meticulosidad toda superficie hasta que emanó el refrescante aroma de una brisa de verano en lugar del acostumbrado olor a medicina del limpiador industrial. Jon y las enfermeras andaban por la habitación preparando la cama, ablandando las almohadas y colgando las obras maestras a color de mis hijas de tres años en el pizarrón que se veía desde la cama. Las enfermeras se sintieron muy orgullosas al contarme cómo se las habían arreglado para conseguirme una habitación con vista hacia afuera. A través de la ventana se observaba un prado hermoso y apacible que se sabía que los venados visitaban con frecuencia esperando hallar una golosina en medio del invierno. Más tarde miraría por esa ventana durante semanas y semanas, disfrutando de la lánguida belleza llena de gracia de mis visitantes diarios.

5. El arduo trabajo del reposo

No obstante, ese día me senté sintiéndome miserablemente voluminosa, de alguna manera inútil, y sin aliento. Al vagar con la vista por el cuarto, de repente me vino como un relámpago el recuerdo de mi primer año en la universidad. Me acordé de cómo me había sentido al tener que ajustarme a toda una nueva forma de vida, a una rutina nueva por completo en la que había tenido un limitado espacio para vivir y una abrumadora responsabilidad. No conocía a nadie, y me sentía extraña e incómoda… desplazada.

En el reducido espacio de mi habitación del hospital, incluso me preguntaba si sería así como se sentía estar en la cárcel. Sé que suena como si estuviera siendo algo melodramática, pero entendía muy bien que no iba a estar rodeada de lujos. Además, mi voluminoso abdomen era en todo sentido tan efectivo como los grilletes más fuertes. De forma conmovedora le supliqué a la enfermera que «buscara al hombre» que pudiera imaginarse una manera de abrir la ventana del cuarto del hospital. Necesitaba con desesperación respirar aire fresco y sentir la brisa refrescante.

Aunque todos hacían lo mejor que podían para hacer más soportable mi estadía, tenía un ineludible papel de protagonista en este nuevo equipo de buscadores de milagros. Se esperaba que me suscribiera a un estricto conjunto de pautas que se debían tomar muy en serio si iba a llevar a los niños en mi seno por lo menos durante otras diez semanas. Una de esas pautas era consumir como mínimo cuatro mil calorías todos los días. El plan consistía de tres comidas, tres meriendas, y tres batidos de seiscientas calorías. En otro momento de mi vida esa orden me hubiera hecho pensar que había muerto e ido al cielo. Por desdicha, por bueno que sonara y por mucho que tratara, nada de la comida que consumía se quedaba adentro por mucho tiempo. Tenía tal reflujo ácido que poco después de una comida vomitaba violentamente. Era como si mi oprimido y rebelde estómago estuviera ardiendo de cólera y protestando con vehemencia contra todo gramo de comida que acaparara espacio.

Una de las más horrorosas experiencias durante mi estadía en el hospital fue cuando me desperté a medianoche expulsando lo que parecían ser galones de ácido ardiente por la boca y la nariz. Con los ojos desmesuradamente abiertos, quejándome y jadeando en busca de ayuda, sentí como si me estuviera ahogando. Rápidamente me inyectaron en la vena Reglan y Zantac, y desde entonces no pude comer nada después de las ocho de la noche. El episodio me quemó las cuerdas vocales, dejándome con una garganta irritada por dos semanas.

Para ayudarme en mi tan difícil búsqueda de alimentos, el doctor Botti me permitió ordenar mis comidas diarias del menú de empleados. En realidad no se trataba de un restaurante de cuatro estrellas, pero por lo menos tenía un poco más de sabor que las comidas normales del hospital. Recuerdo un día en que él entró alegremente en mi habitación para su visita de la mañana llevando en la mano una apetitosa y gruesa barra de chocolate. Al entregármela dijo: «Nadie más puede comer una barra de confite antes de las once de la mañana, pero usted sí». Resultó que yo estaba en Hershey, Pennsylvania, sede de la famosa barra Hershey, así que estoy muy segura de que no fui la primera persona en probar algo de lo mejor del área al amanecer. Y de todas maneras, ¿quién va a discutir con este médico brillante y siempre atento?

Hablando de discutir, en efecto tuve una disputa seria durante la primera semana de mi estadía en el hospital. Jon y yo más tarde le llamaríamos ese impasse perturbador de tres días entre la administración del hospital y yo «La guerra de las vitaminas». Habiendo leído todo en cuanto a las vitaminas y los nutrientes esenciales que el cuerpo de una mujer encinta demanda, desde el primer día de mi embarazo yo había estado tomando varios suplementos, es decir, una multivitamina de buena calidad, vitamina C, magnesio de calcio, aceite de hígado de bacalao, y una dosis muy grande de ácido fólico. Cuando me admitieron en el hospital, se me informó que no podía tomar nada que trajera de casa y que no fuera recetado por el médico. Estando en aguas de alguna manera precarias y sin explorar, sabía que se preocupaban por añadir otra variable a mi ya complicado caso que pudiera potencialmente complicar más mi condición. Por otro lado, yo estaba convencida de que había llegado hasta ese punto en parte debido a mi dedicación al darle a mi cuerpo esas vitaminas adicionales que con tanta desesperación necesitaba. Estaba tan firme en mi posición que por último amenacé con marcharme del hospital si no me daban permiso para continuar con mi bien establecida rutina. Gracias a Dios, el hospital al final cedió y convino con las vitaminas.

Esa pequeña victoria fue un momentáneo punto brillante en una semana de otra manera lúgubre y solitaria. Apenas un día después de que me admitieron, Jon y ambas niñas enfermaron con una terrible gripe. No podían visitarme mientras no se hubieran recuperado por completo debido al alto riesgo de trasmitirme lo que pudiera ser una enfermedad devastadora para alguien en mi condición. La enfermedad duró siete días muy largos, y los eché de menos más allá de toda descripción.

El próximo dilema fue mi piel. Estaba empezando con rapidez a mostrar señales tempranas de escaras, una enfermedad dolorosa que a menudo azota a los pacientes confinados a la cama. En la semana veintiuno, mi vientre medía cuarenta y dos centímetros de circunferencia. Sobra decir que yo no estaba demasiado ágil. De nuevo mi caballero en bata reluciente, el Dr. Botti, vino a mi rescate. Prescribió una cama de la unidad de cuidados intensivos que me permitía cambiar de posición con mayor facilidad y más a menudo. Junto con esa orden vino la absoluta prohibición de que hubiera enfermeras en mi habitación entre las diez de la noche y las siete de la mañana. ¡Aleluya! Con todas las patadas y empujones de seis diminutos búhos nocturnos, en realidad no necesitaba ninguna otra distracción cuando finalmente lograba acomodarme lo suficiente como para dormir.

Mis días a la larga se convirtieron en una rutina. En cierto sentido, pensaba que la misma trascurría entre una comida y la otra, una merienda y la otra. De modo irónico, así como una persona decidida a seguir una dieta se obsesiona con la perspectiva de su próxima comida, de igual modo yo pensaba en cada una de ellas, aunque las temía. Tenía cero capacidad en el estómago y prácticamente mi apetito no existía. Sin embargo, por difícil que fuera, estaba decidida por completo a cumplir con la imponente tarea de suplirles a mis hijos tantas calorías como me fuera posible sostener adentro.

Mi madre me visitaba por lo menos durante una hora todos los días, lo que siempre era un descanso bienvenido. Llenaba mi envase de hielo, me traía golosinas ocasionales, y por lo general trataba de animarme. También tenía la importante tarea de colgar toda la variedad de tarjetas de ese día. Sabía que yo esperaba con ansias la llegada del cartero que pasaba raudo por mi habitación todas las tardes con mi correspondencia. Al inicio las abría todas en apenas minutos. Más tarde me di cuenta de que como un vino fino, el tiempo con cada carta tiene el propósito de que se la saboree. Conforme lograba disciplinarme cada vez más, espaciaba la apertura de mis cartas a varias horas, y eso proveía pequeños abrazos reconfortantes durante todo el día. Tal cosa era simplemente otra manera de aprender a vérmelas con un montón de horas y ningún lugar a donde ir.

También estaba en extremo agradecida con el padre de Jon, que proveyó tarjetas telefónicas del club Sam's con suficientes minutos para mantenernos al tanto de los sucesos del día en casa, así como también para reír, llorar, orar o sencillamente conversar con amigos que brindaban apoyo y se encontraban cerca y lejos. Él también nos suministró un computador portátil con una cámara web. ¡Qué milagro tecnológico poder ver a mis dos princesas y hablar con ellas, las cuales crecían alejadas de mí como a ochenta kilómetros de distancia! ¡Asombroso!

Otro regalo significativo me fue dado en la forma de un masaje. Susan, una amiga considerada y generosa que me había dado un masaje prenatal una vez a la semana en casa empezando en la semana quince, se ofreció voluntariamente para viajar a Hershey dos veces a la semana —y tres veces en la semana justo antes del alumbramiento— para continuar su gentil ministerio de sanidad. Ella me comentó que se sabe que la terapia de masaje durante el embarazo mejora la circulación, reduce la incomodidad, alivia la fatiga mental, y en general, mejora el bienestar fisiológico y emocional tanto de la madre como de su hijo. ¿Cómo podría jamás agradecer lo suficiente a alguien que dio de sí misma con tanta libertad y buena disposición para darles a mis bebés una mejor posibilidad de sobrevivir? Mi amiga también me daba algo que esperar cada semana. Anhelaba ver asomar su cara por mi puerta. Susan, sabiendo lo mucho que yo valoraba esa hora restauradora, ponía un letrero en mi puerta que decía: «Masaje en progreso». Hasta hoy, pienso que

5. El arduo trabajo del reposo

ese masaje que ella me regalaba jugó un papel importante en la capacidad de mi cuerpo para resistir, un día a la vez.

El lunes 15 de marzo presté atención con lágrimas en los ojos mientras oía las pisadas de cuatro piececitos que venían por el corredor. Las niñas se habían recuperado por completo de la gripe, y yo podía al fin verlas. Cuando entraron por la puerta, recuerdo que pensé cuánto había crecido Cara en apenas algo más de una semana. Parecía mucho más alta.

Las niñas siempre estaban un poco inseguras en cuanto a lo que se suponía que debían hacer en ese cuarto estéril mientras mamá trataba con desesperación de disfrutar de la presencia y el olor de ellas solo por un ratito más. En general me contaban relatos divertidos, turnándose para añadir los detalles cómo hacen a menudo las gemelas. Cara una vez comentó con inocente sinceridad que «una casa no es lo mismo sin una mamá allí». Las lágrimas de inmediato me afloraron a los ojos. También hubo otros momentos que hicieron que una sonrisa asomara a mi cara. Una de esas veces fue cuando Mady puso su mano extendida sobre el lado superior izquierdo de mi vientre y por primera vez sintió al Bebé D dar una buena patada. Mady retrocedió de un salto y con una mirada de sorpresa y asombro dijo: «Aaaaah».

A veces la terapista ocupacional dejaba juguetes en mi habitación sabiendo que las niñas recibirían bien el estímulo y la distracción. También me traía materiales de arte para preparar proyectos de trabajo manual que pudiéramos realizar juntas cuando ellas llegaran. Nunca estuve segura de si esos proyectos fueron para el entretenimiento de las niñas o si me dio todo eso para recortar y pegar simplemente con el fin de romper el aburrimiento. De cualquier manera, funcionó muy bien.

A la semana veintidós, me recetaron indometacina para relajar mi útero. No era raro que empezara a tener suaves contracciones casi toda las noches. Por desdicha, la medicina aumentó mi problema de reflujo ácido, e incluso peor, implicaba el riesgo de reducir el líquido amniótico de los bebés. Para controlar ese fluido, me hacían ultrasonidos diarios.

A pesar de lo incómodo y molesto que pueden llegar a ser la constante presión y el frotamiento, por lo general esperaba esos pocos minutos de nueva seguridad, comprobando que mis bebés estaban todos presentes y respondiendo. Escuchar al continuo golpeteo de cada pequeño corazón me daba justo la suficiente ola de energía para continuar avanzando con dificultad a través de unos días que de otra manera eran deprimentes.

Cada dos semanas se calculaba y documentaba el crecimiento de cada bebé. Constantemente me asombraba al observar a la más reciente tecnología revelar la longitud de un delicado fémur, la circunferencia de un cráneo, las cavidades de un corazón. Yo observaba y escuchaba con atención durante esas visitas de estrictas medidas a mis bebés.

En silencio aplaudía a cada uno mientras él o ella pasaba por el escrutinio de la varita del técnico. Sentía un tremendo orgullo maternal al ver a mis bebés crecer con un gran espíritu de equipo. No eran remolones, y ninguno se quedaba atrás. Cada bebé difería solo en unos pocos gramos de los demás, e incluso, viviendo en una vivienda bastante apretujada, cada uno parecía estar prosperando y creciendo. De todo corazón felicitaba a cada uno por añadirle unos cuantos preciosos gramos más a nuestro peso diario.

También le recordaba con firmeza a cada uno que nuestra meta era las treinta y dos semanas. Al cumplir las veinticuatro semanas nos regocijamos en una celebración de viabilidad debido a un juego bien jugado, pero todavía había mucho trabajo por hacer; la resistencia y la pura voluntad eran necesarias para alcanzar unas pocas metas más antes de que pudiéramos reclamar la victoria. «¡Treinta y dos semanas, treinta y dos semanas»! se convirtió en mi consigna perenne.

Otro maravilloso beneficio de los frecuentes ultrasonidos era, por supuesto, la información acerca del sexo de los bebés. Es difícil imaginar que apenas hace una generación las madres no tenían ni la menor idea de los secretos que su cuerpo contenía; sin embargo, allí estaba yo en un asiento en primera fila y con una visión de rayos equis.

Me había enterado apenas en la semana dieciocho que nuestro «equipo» tenía lados parejos: esperábamos tres niñas y tres niños. ¡Jon y yo quedamos extasiados! Tres niñas y tres niños ofrecían un sentido de la simetría muy bueno. El primer comentario de Jon fue: «¡Grandio-

5. El arduo trabajo del reposo

so! Así cada muchacho puede llevar a una muchacha a la fiesta de graduación de la secundaria». Él estaba, en su propia manera abstracta de pensar, solo tratando de proteger a sus hijas, aunque pensé que tal vez estaba avanzando demasiado rápido. Por supuesto, por mi parte me concentré en cosas más prácticas: podríamos dividirlos con mayor facilidad en sus dormitorios algún día. Ahora era yo la que me estaba adelantando al pensar en nuestra ya apretujada casita, en donde los seis bebés compartirían un solo dormitorio. Además, la división pareja evitaba algunos de los asuntos que pudieran surgir entre, digamos, cinco niñas y un niño. ¿Puede usted imaginarse? Un total de siete niñas en contra de un varón que pudiera llevar el apellido Gosselin.

Jon y yo habíamos escogido los nombres bastante temprano durante mi embarazo, y descubrimos que fue bastante fácil ponernos de acuerdo. Tal vez eso no era algo tan sorprendente, puesto que teníamos seis oportunidades para añadir nuestros nombres favoritos. Decidimos, sin saber todavía el sexo, que escogeríamos —sí, ustedes adivinaron— tres nombres de niñas y tres de niños. Nuestra única regla fue que los nombres puestos a debate tenían que ser categóricamente de niños y de niñas. Nuestra vida iba a ser lo suficiente confusa sin tener a un futuro ayudante que no supiera si estaba pidiéndole que me trajera a un niño o a una niña. Nuestra razón para decidir tres nombres de cada tipo fue que queríamos tener la certeza de tener por lo menos unos pocos de ellos listos en dependencia del sexo de los bebés. Todavía sonrío ante el hecho de que nuestro Dios, sabiendo que necesitábamos tener por lo menos algo verificado en la lista, nos permitiera pensar en el número exacto de nombres necesarios. Era simplemente otra confirmación para mí de que él los conocía a cada uno de ellos por nombre antes de que inclusive yo supiera quiénes eran. ¡Todavía me asombro!

Alexis y Aaden fueron nuestras primeras selecciones. Habíamos escogido esos dos nombres incluso antes de planear un segundo embarazo. Convenimos en que lo haríamos por orden alfabético, y por consiguiente los dos nombres con *A* serían para la primera niña y el primer niño que nacieran. Sin embargo, fue más difícil convenir en el deletreo para Aaden. Jon insistía en que fuera A-i-d-e-n. Yo quería que se llamara A-a-d-e-n. ¡Pienso que usted se imaginará quién ganó!

El siguiente bebé llevaría el nombre de Collin. Escogimos ese nombre porque Mady había pedido un hermanito llamado Collin incluso antes de que yo quedara encinta. ¡En qué lugar una niña de tres años oyó ese nombre, es todavía un misterio! No obstante, según la típica manera de ser de Mady, ella fue muy persistente, así que convenimos.

Hannah fue una decisión sencilla. Yo estaba acostada en el sofá de la sala de estar, que se encuentra varios escalones por debajo del corredor que va de la sala a la cocina. Al advertir a Jon que pasaba, le grité: «Oye, ¿qué tal Hannah?». Probablemente él estaba atareado preparando la cena o persiguiendo a las niñas para que tomaran su baño, pero vaciló apenas por un instante y gritó en respuesta: «¡Sí, me gusta!».

«¿Con h final?», pregunté a la vez.

«¡Sí!», se escuchó la rápida respuesta, al estilo de Jon.

En algún punto en el proceso de seleccionar los nombres, recordé una visita a la iglesia de mis abuelos. Una pareja de esa iglesia había adoptado a una niñita asiática a la que le habían puesto por nombre Leah. Sonreí al recordar su dulce y frágil apariencia de «muñequita china». Imaginándome a mi propia y diminuta Leah, escribí con alegría el nombre de la tercera niña en nuestra lista final después que Jon accedió.

Necesitábamos otro nombre de niño. Yo siempre había querido un Joey... no Joseph, sino simplemente Joey. Jon no podía imaginarse a un chiquillo asiático yendo por todos lados con un nombre que pareciera italiano. Me parece que en efecto él tenía razón. Más tarde tuve una lluvia de ideas y resulté con el nombre Joel, pensando en alguien que en un tiempo había conocido que se llamaba así, pero al que todos llamaban Joey. ¡Era perfecto! (Joey nunca resultó del todo, pero cuando nuestro Joel más tarde gateaba por todos lados con su encantadora sonrisa traviesa, ¡Joely pareció venirnos justo a la medida!).

Con todos los nombres escogidos de forma apropiada, dirigimos nuestra atención a los segundos nombres. Le había prometido a Dios que si alguna vez era bendecida con otra hija, la llamaría Faith [Fe] para que me recordara siempre el papel tan importante que nuestra fe había desempeñado en su llegada a este mundo. Así que la primera niña que naciera, Alexis, se llamaría Alexis Faith. Me encantó y pensé que sonaba muy bonito. Me hizo pensar en uno de mis pasajes bíblicos favoritos, Gálatas 5:22-23: «En cambio, el fruto del Espíritu es amor, alegría, paz, paciencia, amabilidad, bondad, fidelidad, humildad y dominio propio». Esas eran definitivamente las características que con desesperación pedía en oración que mis hijas poseyeran algún día. Decidimos usar ese tema apacible para unir a nuestras niñas con el vínculo común de unas metas santas.

Meditando en la profundidad de ese versículo, sentí que Joy [Alegría] saltaba a mis ojos como la próxima selección para un segundo nombre. Lo traté con Hannah, diciendo en voz alta: «Hannah Joy, Hannah Joy». Me pareció muy natural. Perfecto.

Luego venía Leah. Queriendo seguir con el tema, me preocupé un poco cuando me di cuenta de que paciencia y dominio propio, aunque eran definitivamente rasgos admirables, no resultaban apropiados para segundo nombre. Felizmente, mientras estaba en reposo en cama, una palabra seguía viniendo a mi mente: Hope [Esperanza]. Hope era lo primero que llenaba mis días. ¡Ahí estaba! Leah Hope. Me recorrió un escalofrío y supe que ella sería una triunfadora. Sentí la emoción de que siempre podría decirles a mis hijas que la fe y la esperanza nos habían conducido hasta ahora… ¡y que ellas nos darían una inmensa alegría!

Para los segundos nombres de los niños seguimos la ruta más tradicional y buscamos inspiración en el árbol genealógico de la familia. A Aaden le pusimos Aaden Jonathan por su papá, y a Collin, Collin Thomas por el papá de Jon. De nuevo enfrentamos una decisión difícil para decidir el segundo nombre de Joel. (¡Lo lamentamos, Joel!). En un inicio me había gustado Joel Michael, por un bebé que solía cuidar cuando era una muchacha. Sin embargo, eso no seguía la misma línea de pensamiento en cuanto al linaje familiar que habíamos usado para los otros dos niños. No quería que Joel se sintiera excluido, y también deseaba mucho honrar a mi hermano Kevin. Le mencioné a Jon el nombre de Joel Kevin. Él dijo: «El último hijo para siempre, la última probabilidad por siempre. Me gusta. Sí». Él había consolidado mis largos e incoherentes razonamientos en apenas unas pocas palabras... una de sus habilidades que yo hallo por igual conveniente y fastidiosa, dependiendo de la situación. En este caso, el asunto quedó sellado y Joel Kevin fue el nombre.

Sin embargo, la parte más satisfactoria a la hora de buscar el nombre de Joel fue no revelarle a mi hermano el secreto. Un día él llamó para ver cómo estaba, y como si nada le dije que había cambiado el nombre de uno de los bebés. En realidad él no estaba interesado en lo que la mayoría de los hombres consideraría una información trivial comparada con las anotaciones de fútbol o lo que había para cenar. Así que cuando charlamos en cuanto a querer un nombre familiar en lugar de Michael para Joel, casi podía ver por la línea telefónica el brillo de los ojos de Kevin. Por último, acabé diciendo: «¡Así que le vamos a llamar Joel Kevin, igual que tú!».

Oí un estruendoso momento de silencio, algo dicho entre dientes, y luego acabamos nuestra conversación y colgamos. Me quedé sentada pensando en lo extraño que había sido esto cuando ni siquiera dos minutos más tarde el teléfono en la mesita de noche timbró de nuevo. Era Kevin. «Kate, eso es fabuloso. Gracias. ¡Me siento honrado!». Me di cuenta de que a Kevin le había llevado unos pocos minutos procesar el hecho de que ahora tendría un tocayo en miniatura que para siempre poseería un vínculo con su tío Kevin.

6 Conmoción en los medios de comunicación

Todo tiene su momento oportuno; hay un tiempo para todo lo que se hace bajo el cielo... un tiempo para callar, y un tiempo para hablar.

ECLESIASTÉS 3:1,7

Todo el mundo temía que una vez que hubiera ingresado al hospital, las noticias de nuestra inusual aventura se filtrarían hasta ser del conocimiento de los medios de comunicación. El Dr. Botti nos advirtió que el nacimiento de sextillizos definitivamente conduciría a una frenética agitación en los medios de comunicación, y que tal vez no habría manera de evitar por lo menos algo de eso. Sin embargo, también nos aconsejó con sabiduría que mantuviéramos nuestra experiencia lo más reservada posible por lo menos hasta la semana veinticuatro, el primer número mágico para las mujeres que a duras penas avanzan cada día durante un embarazo difícil. Ese es el punto en que la mayoría de los médicos considera que un bebé es viable, por lo menos con un cincuenta por ciento de probabilidades de sobrevivir.

Me encantó que el Dr. Botti —sensato, sabio y con un gran discernimiento— estuviera dispuesto a refugiarnos bajo la protección del cuidado del hospital, queriendo eliminar tanto estrés como fuera posible de nuestro plato ya demasiado lleno. Además de quitar mi nombre de la puerta e informarle con toda claridad al personal del hospital que no toleraría que se impusiera ninguna presión indebida sobre su paciente, incluso llegó hasta el punto de hacer que Jon lo mirara directamente a los ojos y le prometiera que haría todo lo que estuviera a su alcance para protegerme de la prensa a causa del bienestar de nuestros bebés. Jon convino de todo corazón, y se decidió que cuando llegara el momento de hablar con los medios de comunicación, Jon actuaría como portavoz de todos nosotros.

Sin embargo, él no tendría que ir solo. El hospital designó a una coordinadora de relaciones públicas llamada Amy Buehler-Stranges. Era una joven alta, espigada, de hablar suave, que desempeñaba con fortaleza y claridad su trabajo a pesar de la presión. Ella fue la persona en la que confiamos para allanar la senda, cuando se confirmó que Jon estaría presente en una conferencia de prensa con motivo de anunciarle nuestras preciosas noticias al público en general.

El lunes 5 de abril, Jon tomó asiento a la mitad de una larga mesa de banquetes. Lo acompañaban el Dr. Botti, el Dr. Mujsce, jefe de neonatología, junto con la enfermera jefe de mi unidad y el Dr. Repke, jefe de obstetricia y ginecología. Los reflectores de las cámaras se encendieron y el panel integrado por estos profesionales experimentados y un futuro papá muy orgulloso, atendió veintenas de preguntas provenientes de un salón repleto de ansiosos reporteros. Se anunció de manera oficial que Jon y yo en efecto estábamos esperando seis bebés y que confiábamos en que nacerían entre la semana treinta y la treinta y dos. Jon reveló con alegría el sexo de nuestros bebés, tres niñas y tres niños, seguido de los nombres que habíamos escogido para cada uno de ellos. Amy estuvo presente, por supuesto, supervisando todos los muchos detalles, y el pastor de nuestra iglesia en ese tiempo, vino para ofrecerle un respaldo moral a Jon.

Fue toda una odisea quedarme sentada, confinada a mi habitación, mientras mi esposo enfrentaba su primera prueba de atención pública. Sentía como si estuviéramos marcando un hito en el sentido de que ahora estábamos diciéndole al mundo entero que el nacimiento de sextillizos en realidad podría tener lugar. Incluso si hubieran nacido al día siguiente (¡Dios no lo quisiera!), la realidad era que por lo menos tenían alguna probabilidad de sobrevivir. Me llené de orgullo al ver la calma, la compostura y el aplomo que Jon pareció mostrar a pesar de todo. Mi mamá llamó más tarde para decir que las niñas habían visto a su papá por televisión. Nos reímos juntas mientras ella explicaba cómo las niñas habían chillado al unísono cuando se percataron de quién era el que estaban viendo.

Además de esa primera conferencia de prensa, Jon y yo habíamos convenido en darle a nuestro periódico local, el *Reading Eagle*, una entrevista exclusiva en la habitación. En realidad fue una especie de movimiento en defensa propia como resultado de cierta información que habíamos recibido varias semanas antes. Supuestamente alguien que había trabajado conmigo en el hospital Reading estaba amenazando con decírselo a la prensa. En un esfuerzo por obtener esas pocas preciosas semanas que el Dr. Botti deseaba, acordamos dar una entrevista exclusiva cuando el momento fuera preciso. No obstante, excepto para esa única entrevista, felizmente no se permitió a ningún otro reportero en mi habitación.

Hacer nuestro anuncio público sirvió para abrir de manera oficial las compuertas. De repente Jon y yo notamos que sucedían cosas extrañas, como personas desconocidas que se paraban frente a mi puerta tratando de atisbar hacia adentro. Médicos que yo nunca había visto antes venían a verme. Empezamos a recibir llamadas pidiendo entrevistas y detalles.

Debido a que yo me sentía físicamente cada vez más incómoda, no tenía paciencia para el fastidio adicional. Mi mente estaba preocupada con relación a la alimentación, puesto que comer se hizo casi imposible debido al peso y la presión en mi estómago. Me sentía culpable por no poder comer, sabiendo que era responsable de suministrarles la suficiente alimentación a mi media docena de bebés que crecían. Le supliqué al médico que me proporcionara una nutrición intravenosa que supliera las calorías que se necesitaban.

El Dr. Botti pensó en el asunto y lo investigó durante casi toda una semana antes de dar su respuesta: no. Él pensaba que eso podía abrir otra posibilidad para que alguna infección mostrara su horrible cabeza y acabara con nuestro esfuerzo demasiado temprano. Así que continué obsesionada en cuanto a lo que podía y no podía comer, y dejé que el personal del hospital espantara a los observadores y reporteros curiosos y preguntones.

Jon también tenía cosas más importantes que hacer que preocuparse por los medios de comunicación. Alrededor de la Pascua de Re-

6. Conmoción en los medios de comunicación

surrección de ese año, empezó en un nuevo empleo como técnico de información para una compañía en Reading, Pennsylvania, apenas a minutos de donde vivíamos. Se las arregló para que una señora llamada Ruth, a la que conocimos en la iglesia, fuera y cuidara a las niñas los lunes, martes y miércoles. Los miércoles por la noche él las preparaba y hacía el recorrido de una hora para visitarme y luego dejar a las niñas en casa de mis padres. Yo siempre esperaba las noches de los miércoles después de no haber visto a Mady y a Cara desde el domingo anterior. Los jueves y los viernes Jon hacía el recorrido de ida y vuelta al trabajo desde Hershey, pasando después el fin de semana con las niñas en la casa de mis padres. ¡Obviamente, todo era frenético!

La atención de los medios de comunicación fue todo un halago al principio. ¿A quién no le gustaría saber que muchas personas le están apoyando para que sus bebés sobrevivan? Con todo, de muchas maneras fue una distracción adicional muy superior a lo que pensábamos que estábamos preparados para enfrentar. Debo decir que me sentía muy feliz al atisbar desde detrás de mi impresionante vientre y saber que Jon, Amy, el Dr. Botti y el hospital en general estaban haciendo lo mejor posible para aliviarnos de los inevitables reflectores sin que nos cegaran por completo.

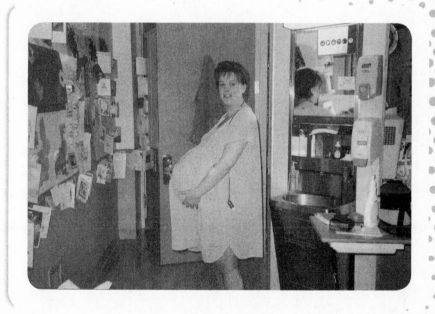

Día del alumbramiento: 10 de mayo del 2004. Kate mide 1,37 m de circunferencia.

7 Conteo descendente hasta seis

> Por tanto, también nosotros, que estamos rodeados de una multitud tan grande de testigos, despojémonos del lastre que nos estorba, en especial del pecado que nos asedia, y corramos con perseverancia la carrera que tenemos por delante.
>
> HEBREOS 12:1

Con veintiocho semanas de embarazo, había alcanzado mi próxima meta. Estaba bien adelantada en mi camino como para permitir que la esperanza en realidad se fortaleciera. Y yo no era la única. Esa mañana el Dr. Mujsce vino a mi habitación y por primera vez detecté un pequeño brillo en sus ojos. Él sabía tan bien como yo que nos acercábamos a la línea de llegada. Cada día que me las arreglaba para mantener a mis bebés con toda seguridad arropados en el útero, reducía de un modo significativo los riesgos de tener problemas que amenazaran sus vidas cuando finalmente nacieran. Por cierto, es una regla general que por cada día en el útero, a un infante prematuro se le evitarán dos o incluso tres días en la unidad de cuidado intensivo neonatal o UCIN.

Una mañana, desperté en el hospital para ver a dos hombres de edad mediana con batas blancas y portapapeles en las manos de pie junto a mi cama. Aclarando su garganta y subiéndose los anteojos, un médico anunció que él y su colega estaban allí para evaluar mi situación mental. Sabía que se preocupaban porque tal vez yo parecía estar extremadamente en calma, casi abstraída por completo a la luz de todas nuestras muchas y reales preocupaciones.

Yo misma también me asombraba de permanecer tan calmada. Lo que ellos no sabían ni entendían era que la paz de Dios, que ni siquiera yo podía describir, me había cubierto con un manto de seguridad. No me entienda mal; no se trataba de que estuviera viviendo en negación. Tenía miles de millones de preocupaciones: ¿Vivirían mis bebés? ¿Viviría yo? ¿Nacerían sanos mis bebés? ¿Cómo íbamos a caber todos en nuestra casa? ¿Cuántos pañales necesitarían al día? ¿A la semana? ¿Al año? ¿Cómo íbamos en algún momento a ir a alguna parte de nuevo como familia cuando en nuestro auto cabían solo seis pasajeros? ¿Quedarían Mady y Cara abrumadas por este alocado cambio en sus tiernas vidas? ¿Y qué en cuanto a Jon? El pobre Jon tenía más de lo que cualquier hombre debía haber soportado alguna vez. Y esto era solo el principio. ¿Qué tal en cuanto a la ropa, la comida y —¡válgame Dios!— la universidad? A pesar de esta abrumadora lista que bien pudiera haberme consumido, ya había aprendido que cuando la duda y el temor empezaban a entrometerse, era imperativo que cambiara mi enfoque de inmediato. Cantaba, oraba, y leía mis versículos. Una y otra vez le entregaba a Dios mis temores y preocupaciones. Él, a su vez, me recompensaba con una dosis adicional de paz que me permitía avanzar pasito a pasito, minuto tras minuto. Este era el intercambio que definía mis días y dejaba perplejos a muchos de los que me rodeaban.

Mi alivio favorito del estrés vino en la forma de tres discos compactos que me regaló una librería cristiana cercana a casa, Joy Book Store. Las canciones de esos discos aliviaban mi corazón y mi alma conforme permitía que la melodía inundara mi habitación. Gastaba hasta lo último del oxígeno que tenía, cantándoles a diario a mis bebés con alegría. ¡No me sentía cohibida! Simplemente cantaba a voz en cuello cantos llenos de confianza y alabanza. Quería que mis bebés tuvieran un estímulo puro y constante. ¡En realidad, ahora que lo pienso, tal vez fue el canto a pleno pulmón lo que atrajo a los dos hombres nerviosos en batas blancas hasta mi puerta! Con todo, las palabras de esos cantos todavía resuenan en mis oídos, trayendo lágrimas a mis ojos y vitalidad a mi caminar.

Nuestra celebración de la semana veintiocho fue un descanso similar al de la séptima entrada de un partido de béisbol: apenas cinco días después tuve mi primer susto serio en cuanto al alumbramiento. Me había sentido muy incómoda toda la noche, y aunque estaba segura de que tenía contracciones, también me preocupaban los monitores y el chequeo, pues sabía que me despertarían, me aplastarían y me pincharían. Estaba simplemente muy cansada. Amodorrada y soñolienta, decidí esperar hasta las rondas de la mañana para mencionar la presión constante que oprimía mi vientre. A la luz de la mañana, me di cuenta de que en lugar del alivio normal después de unas pocas horas de sueño, las contracciones, que estaban siendo monitoreadas con todo cuidado, tenían lugar a intervalos de apenas dos minutos.

Un revuelo de actividad siguió de inmediato. Me llevaron rápido al piso de parto y alumbramiento en donde me podían monitorear más de cerca. Recibí una inyección de terbutalina (me habían quitado la bomba una semana antes) así como veinticinco miligramos adicionales de indocitina, el doble de mi dosis normal. Mientras aguantaba la respiración con ansiedad, el Dr. Botti, con todo cuidado, verificó el cuello del útero esperando que no hubiera cambios serios. Halló que tenía una dilatación de dos centímetros y un cincuenta por ciento de delgadez. Normalmente el cuello del útero de una mujer tiene diez centímetros de dilatación y el cien por ciento de adelgazamiento a fin de dar a luz.

Estas noticias ameritaban una llamada telefónica a Jon diciéndole que fuera al hospital. Podía leer la angustia en las lóbregas caras y voces de los que me rodeaban, y eso solo aumentaba mi temor y tristeza. Estaba tan cerca de nuestra meta en la semana treinta que casi podía saborearla, y ahora parecía que toda mi determinación se extinguiría. Las malas noticias seguían llegando mientras el Dr. Botti, esperando buenos resultados luego de aplicar los medicamentos, chequeó mi cuello del útero por segunda vez. Por desdicha, había dilatado solamente un poco más, hasta dos y medio centímetros. Como consecuencia, todos, incluyendo a Jon, nos preparamos para una larga noche.

El único punto brillante en toda esa jornada fue que Jon pasó la noche a mi lado. De manera habitual él se hubiera visto obligado a regresar con nuestras hijas, agotado y exhausto, dejándome atrás, enfadada y sola. A veces escuchaba con anhelo mientras las primerizas y sus esposos arrullaban a sus rollizos recién nacidos. Me sentía cada vez más envidiosa de que ellos pudieran disfrutar de lo que parecía una experiencia tan normal y unificadora, mientras que Jon y yo vadeábamos a través de todas nuestras incertidumbres.

⬤

A la mañana siguiente, 4 de mayo, me llevaron de regreso a la vieja y querida habitación número 3266, con sus paredes atiborradas de tarjetas y su vista amistosa familiar. Había evadido con éxito el comienzo del trabajo de parto y reafirmado mi inconmovible resolución de alcanzar esa meta de la semana treinta.

Ese mismo día, martes, soporté mi último doloroso chequeo de crecimiento. Temía estar acostada de espaldas porque no podía respirar debido al peso y luchaba para no perder el sentido. La técnica había venido a mi habitación para hacerme el ultrasonido, y yo lloraba mientras ella, pidiendo disculpas, oprimía y hurgaba, tratando de lograr un atisbo en lo que para entonces era un mar de extremidades inquietas. Los resultados revelaron algunas buenas noticias y otras malas. Las malas noticias eran que los niveles de fluidos del bebé C estaban bajos, aunque todavía no a un punto crítico. Me volverían a chequear el viernes, y si el fluido no había vuelto a un nivel satisfactorio, sería tiempo de tomar una decisión.

Jon y yo habíamos orado todo el tiempo para que nunca nos viéramos en la situación de tener que escoger comprometer la salud de todos los bebés por causa de uno o más bebés que batallaban. El Dr. Botti me suspendió toda la indocitina, lo que posiblemente estaba contribuyendo a que los fluidos estuvieran bajos, esperando de este modo prevenir ese difícil dilema. Del lado positivo, se nos informó el peso aproximado de cada bebé. Cada uno de ellos pesaba más de un kilo… ¡un impresionante total de siete kilos y sesenta gramos de hijos e hijas!

En el ultrasonido del viernes recibimos incluso mejores noticias: los niveles de fluidos del bebé C habían aumentado ligeramente. Debido a que el bebé no se encontraba en una zona de peligro y no parecía estar batallando, pareció seguro aguardar apenas un poco más. Yo todavía estaba teniendo contracciones, había dilatado a tres centímetros, y tenía un setenta y cinco por ciento de disminución del cuello del útero.

Oraba pidiendo que los días de alguna manera pasaran más rápido. Era demasiado doloroso moverme e incluso dormir debido al enorme tamaño de mi vientre. Sentía como si mi cuerpo estuviera desbaratándose, indicándome que al final lo había presionado hasta mucho más allá de sus límites. Todo tejido, músculo, ligamento y hueso de mi cuerpo estaban de acuerdo: esto simplemente no podía durar mucho tiempo más.

El domingo 9 de mayo era el Día de las Madres. Cualquiera podría pensar que me inundarían los sentimientos maternales. Llevando treinta y cinco kilos adicionales, sin poder extender por completo mis brazos alrededor de mi increíblemente agrandado vientre, enferma por la preocupación, y privada en exceso del sueño, yo era, por el contrario, una mamá desdichada ese día. Jon vino para ayudarme a duchar, puesto que los músculos de mis piernas se habían atrofiado y no podía estar de pie sola, ni siquiera por unos pocos minutos. El mayor problema, sin exagerar, era que simplemente ya ni siquiera podía caminar hasta la ducha. Tenía que entrar a la ducha caminando hacia atrás con todo cuidado, pues no podía pasar de ninguna otra manera por aquella puerta. Me sentía como un camión gigante de concreto llevando una carga completa y haciendo sonar la alarma al retroceder. Este no es precisamente el cuadro alegre de la bendición maternal.

A pesar de mi mal humor, las bondadosas enfermeras nos sorprendieron a Jon y a mí con un almuerzo del restaurante Isaac's ese día como regalo. Estoy segura de que Jon se alegró por la distracción, porque yo había estado muy atareada provocando peleas con él todo el día sin ninguna razón. ¡Que Dios lo bendiga, pues él, con toda calma, soportó el embate de mi paciencia y perseverancia agotadas!

Dormí intranquila esa noche, despertándome a menudo para ir al baño. Estaba teniendo contracciones, y a la larga en medio de mi modorra, me di cuenta de que eran algo diferentes. En realidad dolían más de lo usual. Llamé a la enfermería por millonésima vez en diez semanas, y como siempre, la enfermera de turno vino para descifrar el problema y colocarme un monitor. Nos quedamos viendo la cinta blanca que mos-

7. Conteo descendente hasta seis

traba tres contracciones regulares y fuertes seguidas. La enfermera se fue enseguida a llamar al doctor Botti.

¡Cuando el Dr. Botti llegó y me examinó, tenía una dilatación de tres centímetros y un adelgazamiento del cien por ciento! «¡Pues bien, hoy vamos a tener unos cuantos bebés!», dijo él.

Me dije: «Está bien», de manera distante y como si nada. En realidad necesité un momento para asimilar la noticia. No obstante, al respirar hondo, yo, junto con todos los demás involucrados, pudimos casi sentir la energía que se palpaba en el aire. ¡Hoy era el día!

El Dr. Botti se excusó para ir a notificarle a la docena de médicos y enfermeras que habían estado a la espera, aguardando la señal de marcha.

Yo, por supuesto, había elaborado con anterioridad mi propio plan de acción para notificarle a mi familia. Haría seis llamadas telefónicas, empezando por la más importante: a Jon. Eran casi las cuatro de la mañana cuando casi a gritos le dije por teléfono a mi medio despierto esposo: «¿Estás listo?».

Quise transportarme por la línea telefónica y ahorcarlo cuando su respuesta entre dientes fue simplemente: «¿Para qué?».

Pues bien, no sé Jon. Pero pensé que tal vez podríamos jugar una o dos partidas de golf, pintar el garaje, ¿o por qué no saltar en paracaídas en una mañana de primavera tan hermosa? Por supuesto, no dije nada de eso. Le anuncié con calma que esa era la llamada telefónica que ambos habíamos estado esperando. «Hoy es el día, Jon. ¡Ven al instante!». Luego de eso, él colgó de forma abrupta y yo volví a mi tarea de llamar a mi madre, hermano y hermanas. Esas personas, a su vez, empezarían una cadena telefónica notificando a los amigos y parientes más distantes.

Amy, nuestra encargada de relaciones públicas, vino a mi habitación. Me informó que todo el plantel estaba conmocionado con la noticia de que los bebés nacerían hoy. Es más, docenas de globos rosados y azules estaban esparcidos por todas partes afuera. Esto hizo que mis ojos se llenaran de lágrimas al pensar de nuevo en que el nacimiento de mis bebés estaba siendo celebrado por personas que nunca había conocido. ¡Gracias a todos!

Mientras se hacían los preparativos necesarios para mi obligatoria cesárea, y cada vez más médicos y enfermeras llegaban poco a poco al hospital, decidí que quería verme lo mejor que pudiera para recibir a mis dulces bebés. Me levanté temblorosa, me puse algo de maquillaje, y tomé unas fotografías finales de mi vientre. Sabía que incluso yo no podría recordar con exactitud lo asombrosamente grande que estaba.

El Dr. Botti vino a mi habitación de nuevo para escoltarme en persona hasta la sala de operaciones. Mientras él empujaba mi camilla por el corredor, me regocijé: «¡No más malteadas de Scandi!». Me refería a los tres suplementos con sabor a vainilla que tomaba todos los días en vasos de ocho onzas. ¡Uf! En minutos las enfermeras se alinearon por el corredor y empezaron a aplaudir mientras mi camilla pasaba. Me sentía como un maratonista debe sentirse al acercarse a la línea de llegada. Había corrido una buena carrera, el final estaba la vista, y los aplausos estruendosos y alentadores de todos los que me cuidaban fueron una inyección final de adrenalina.

Estuve en extremo nerviosa mientras las enfermeras empezaron a prepararme para la cirugía. Mi principal preocupación era que Jon todavía no había llegado. Una densa neblina llenaba el aire de la mañana, y me preocupaba de que tal vez él no estuviera pensando con claridad al hacer ese viaje de una hora. Aumentaba mi preocupación la absurdamente estrecha mesa de operaciones, que me dejaba sosteniendo el tremendo peso de mi vientre con mis brazos temblorosos y exhaustos. Me imaginé todo mi vientre abriéndose como un huevo sobre una sartén si no lo sostenía hacia arriba. Al fin una enfermera se dio cuenta de mi difícil situación, y de alguna manera se las arregló para reposicionarme y apuntalarme de modo que estuviera algo cómoda. ¡Gracias a Dios!

Debo haber sido un espectáculo patético. Tenía mis tubos PICC en el brazo izquierdo, una intravenosa regular en el otro brazo, y un catéter insertado en la yugular, en el cuello. Este tubo central me fue colocado como precaución en caso de que empezara a desangrarme durante la cirugía. En ese caso, ellos podrían al instante ponerme sangre

7. Conteo descendente hasta seis·

directamente por mi yugular, la vena más grande del cuerpo humano. Esa fue una de las razones por las que en la semana veintiséis el anestesiólogo me había dicho que me pondrían bajo anestesia general durante el parto. Mi respuesta fue inequívoca: «¡Ni en sueños! ¡He esperado una eternidad para oír el primer llanto de estos bebés, y tengo la intención de estar despierta para oírlos!».

Así que ahí yacía yo mientras el doctor empujaba lo que parecía ser una aguja ridículamente grande y un grueso tubo en mi cuello. El crujido que se escuchaba era una razón más que suficiente para considerar el proceso barbárico por completo. Ese fue el momento en que me derrumbé y casi perdí todo el control. Llorando miré al amable señor que estaba a la cabecera de mi cama y exclamé: «He sido valiente y fuerte por mucho tiempo, pero ya no puedo más».

Él trató de calmarme con su presencia amable y gentil. «Kate, tú puedes con esto», dijo.

La tortura continuó. Luego vino el bloqueo espinal. Un bloqueo espinal adormece al paciente básicamente de la cintura para abajo. El mayor problema para mí era que a fin de que el anestesiólogo inyectara la medicina, tenía primero que doblarme hacia adelante, exponiendo y destacando así las vértebras de mi espina dorsal. Me sentí como si me hubieran pedido que me convirtiera en una de esas contorsionistas de circo, que se enroscan formando una diminuta bola que disparan de un cañón. Fue casi imposible que mi espina se doblara por encima de mi vientre. Tanto el anestesiólogo como yo no estábamos precisamente divirtiéndonos.

Por último tuve una revelación. Si yo no me relajaba y convencía a mi cuerpo de que cooperara, ellos no tendrían otra alternativa que usar anestesia general. Jugué mi último naipe de «pura voluntad» y mi cuerpo obedeció. Mi recompensa fue un adormecimiento bendito… y por fin distinguí la cara de Jon. Él había estado esperando con ansias fuera de la sala de operaciones para que llevaran a cabo este procedimiento.

Jon tomó asiento en un taburete cerca de mi cabeza, y no puedo describir el alivio que sentí con su sola presencia. El Dr. Botti se preparó para empezar la cirugía, y yo dije: «¡Espere! ¡Quiero que Jon ore!». Con todos sus nervios en tensión, el médico no quería más dilaciones, pero yo insistí. A estas alturas el Dr. Botti me conocía lo suficiente bien como para saber que si había decidido algo, no iba a ser muy fácil persuadirme de lo contrario. Estoy segura de que él sopesó el tiempo que llevaría orar contra el tiempo que emplearía discutiendo conmigo, y decidió con sabiduría permitir una breve oración.

La oración de Jon retumbó en el cuarto estéril. «Padre, por favor, guía las manos del cirujano. Permite que los bebés nazcan sanos y que Kate esté bien». Sonreí por el resonante «Amén» de muchos en la sala.

En lo que pareció apenas segundos, sentí que hacían la incisión vertical, y a las siete y cincuenta y uno de la mañana del 10 de mayo del 2004, nació la primera de los sextillizos. Mientras emergía el diminuto cuerpo que se retorcía, Jon dijo en voz alta para que todos lo oyeran: «¡Esa es Alexis Faith!».

Toda la sala estalló en aplausos. Ahora que las conozco, no me sorprende que fuera Alexis la que sintiera la necesidad de ser la primera en la fiesta de cumpleaños para recibir un aplauso estruendoso. Estoy segura de que su corazón sonreía.

Como se había ensayado y practicado, a la pequeña Alexis, que pesaba un kilo y doscientos treinta y tres gramos, se la entregaron rápidamente a su equipo de médicos y enfermeras neonatales que la esperaban, exhibiendo la letra A, por bebé A, en sus batas. Alexis, junto con sus próximos tres hermanos, sería escoltada por su propio equipo a una segunda sala al otro lado del corredor, donde había mucho menos apretujamiento. Allí estabilizarían a cada bebé antes de transportarlo a la UCIN. Los últimos dos bebés, E y F, fueron examinados y evaluados por sus equipos correspondientes en la misma sala de operaciones, y luego siguieron a sus hermanos y hermanas a la sala cuna de cuidados especiales.

Los siguientes tres minutos transcurrieron en medio de una alegría un poco imprecisa. Mientras los equipos estaban a la espera de sus premios, me imaginaba a mí misma como una piñata gigantesca que estaba siendo rota, dejando caer diminutas golosinas en las manos de los ansiosos participantes. Estaba aporreada, en una condición deplorable y aferrándome de un hilo, pero por la gracia de Dios, me encontraba añadiendo vida a la fiesta, literalmente.

Esforzándome por ver algo, cualquier cosa, por encima de la sábana azul que bloqueaba mi limitada vista, oí a Jon exclamar: «¡Hannah Joy!». Pesó un kilo y doscientos diecinueve gramos, y rápidamente la entregaron al equipo B. Luego salió el bebé C, nuestro primer varón: «¡Aaden Jonathan!». Él fue el más pequeño del grupo, pesando apenas un kilo y ciento veinte gramos. Segundos después Aaden se convirtió en hermano mayor cuando Jon dijo en voz alta: «¡Collin Thomas!». Collin, el único que rompió la marca con un kilo y trescientos cincuenta gramos, aunque fue por veinticinco gramos tan solo, pareció ser mucho más grande que su hermano «mayor». Luego vino nuestra Leah Hope con una impresionante cabeza llena de pelo negro y pensando un kilo y trescientos veinticinco gramos. Y por último, pero no por eso siendo menos, vino el anuncio final de Jon: «¡Joel Kevin!», al que se llevaron, con su kilo y ciento ochenta y dos gramos, en medio de un ajetreado revuelo de batas verdes.

●

Pienso que la mayoría de las madres estarían de acuerdo en que los momentos, o tal vez hasta varias horas, después de dar a luz son como una imagen borrosa e imprecisa, sintiéndonos como adormiladas. Sin embargo, a pesar de todo, existe una sed insaciable de ver a nuestro bebé. En realidad, conmigo no fue diferente. Con toda paciencia soporté los puntos, la reconstrucción y la limpieza general en una sala de operaciones que básicamente parecía como si en ella acabara de explotar una bomba. Jon, mi tan observador esposo, me informaba con fidelidad la condición de mi pobre útero usado hasta la exageración. Me dijo que parecía una pelota de baloncesto desinflada que había quedado tristemente abandonado luego de retirarse todo el bendito equipo. En realidad no vi el humor en eso.

Antes de que pasara mucho tiempo me hallé de regreso en un terreno más familiar: la unidad de posparto en el tercer piso. Al acomodarme en mi habitación, unos pocos parientes vinieron... y lo mejor de todo, llegó Ruth en compañía de Mady y Cara. Ellas tenían muchas, muchas preguntas, que traté de contestar con paciencia mientras que todo dentro de mí continuaba gritando: «¿Cuándo puedo ver a mis bebés?».

Las horas pasaron mientras los visitantes llegaban y se marchaban. Me asombró recibir una sorpresiva visita de Joe Paterno, el célebre entrenador principal del equipo de fútbol de la Universidad Penn State. Resultó que él estaba en el hospital ese día y preguntó si podía pasar a felicitarnos. Jon le estrechó la mano y salió corriendo emocionado para ver de nuevo a los bebés y darles la noticia a los medios de comunicación a las cuatro de la tarde.

Mientras tanto, le preguntaba una y otra vez a todos y cada uno de los que venían: «¿Ha visto usted a los bebés? ¿Cómo están?». Estaba casi frenética al acercarse las ocho de la noche, pues habían transcurrido cerca de doce horas desde que había dado a luz y todavía no había visto ni siquiera a uno de los bebés por más de una fracción de segundo. Me sentí muy agradecida con mi hermana Kendra, que se mantuvo todo el tiempo a mi lado mientras las personas iban y venían, informándome lo poco que sabían para tratar de calmar mis nervios llenos de ansiedad.

Por fin, a las nueve de la noche, llegó mi carruaje: una silla de ruedas. Se me permitió ir a la UCIN para ver a mis seis bebés prematuros que había tenido tan cerca de mi corazón durante veintinueve semanas y cinco días. Aunque en conversaciones previas las enfermeras habían expresado sus reservas en cuanto a si tendría fuerzas suficientes para sentarme en una silla de ruedas y subir cuatro pisos para ver a mis bebés el día del alumbramiento, yo estaba decidida a hacerlo. Sintiéndome débil y pálida por el agotamiento, resolví sentarme derecha en esa silla para tener una vista clara de cada carita.

Mientras Jon me empujaba en la silla a através de las dobles puertas de la sala cuna de alta tecnología, miré los nombres en las incubadoras. Estaban organizados por orden de nacimiento y se extendían por toda la UCIN, empezando con Alexis que nos saludaba cerca de la puerta. Allí estaban todos, bien alineados. Seis diminutas personitas. Eran adorables. Cada uno parecía un frágil polluelo en un nido lleno de alambres. Respiré hondo y lentamente empecé mi ronda. Cuando me imaginaba este momento semanas antes, sabía que quería decirle dos cosas importantes a cada bebé. Primero, le dije a cada uno que lo quería y que había sido creado con un propósito. Segundo, le susurré que lamentaba mucho que tuviera que estar en la sala cuna con tantos tubos y agujas, monitores y máquinas.

En silencio le di gracias a Dios de todo corazón por enviar a todos esos médicos y enfermeras, ángeles en la tierra, para que cuidaran a mis bebés con tan gentil y sabia pericia.

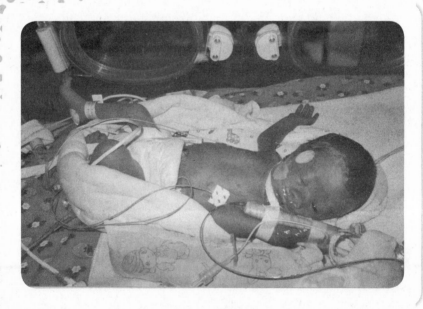

Alexis Faith.

8 Nuestros frágiles pero enérgicos luchadores

Tú creaste mis entrañas; me formaste en el vientre de mi madre. ¡Te alabo porque soy una creación admirable! ¡Tus obras son maravillosas, y esto lo sé muy bien!

SALMO 139:13-14

Me dieron de alta en el hospital el viernes 15 de mayo, cinco días después del nacimiento de los bebés. Todavía estaba sufriendo los efectos de mis siempre cambiantes niveles hormonales, y físicamente me sentía débil y agotada. Por el reposo en cama por tanto tiempo, había perdido una significativa masa muscular en la parte inferior de mi cuerpo, y caminar me dejaba temblando y agotada. Además, después de todos esos días de estar confinada a las cuatro paredes de mi habitación anhelando salir al aire libre, y todavía mejor, estar en casa, de repente descubrí que no estaba del todo lista para abandonar la rutina protectora y estable del hospital. Sin embargo, no tenía alternativa. Mi compañía de seguros había decidido que ya era tiempo de que me fuera a casa.

Mirando a través de la ventana ese último día mientras esperaba a Jon, pensé en unos pocos días atrás antes de que me dieran el alta, cuando Jon me sacó en la silla de ruedas al aire libre por primera vez. Todo fue por completo abrumador. Me sentí como una mamá osa que había estado en hibernación solo para despertarse a una primavera totalmente nueva y fragante.

Jon se quedó mirándome asombrado mientras yo permanecía sentada allí lloriqueando. Los que me conocen saben que definitivamente no soy una muchacha dada a la naturaleza. No obstante, ese día no podía disfrutar lo suficiente de ella. Era como si la hierba de pronto se hubiera vuelto más verde, el cielo más claro y las flores más bellas. El mundo era como un hermoso calidoscopio de color, y todo era casi demasiado asombroso para que lo asimilara. Tan solo el sonido de los pájaros cantando en el árbol que se encontraba encima de mi cabeza despertó en mí un profundo aprecio por la naturaleza, del que nunca antes me había dado cuenta. Ese día decidí que nunca más volvería a dar por sentado el regalo de Dios de los grandes paisajes al aire libre, incluso siendo el tipo de persona que los admirara desde lejos.

Hannah Joy (con su mamá).

Ese día me percaté de todo lo que me había perdido durante mi estancia en el hospital, y temí que se esperara que yo simplemente retomara mi vida en el punto en que la dejé sin que tuviera lugar un choque cultural.

Peor aun que el temor a que esperara tan solo regresar de inmediato a mi vida anterior, fue la tristeza abrumadora de dejar atrás a mis preciosos bebés. Esta es una de las cosas menos naturales que pueden pedírsele a una madre que haga. ¿Cómo se esperaba que yo en realidad bajara en el ascensor, saliera por la puerta, y subiera a un auto que me aguardaba alejándome de seis pedacitos de mi propio corazón? Al pasar por la UCIN ese día para despedirme, sentí que mi corazón se partía y seis pedazos caían con un sordo ruido justo allí, sobre el frío piso estéril, mientras en silencio detenía mi silla de ruedas ante cada incubadora susurrando promesas de un rápido retorno.

Al dejar el hospital, convencí a Jon de que tal vez nos elevaría los ánimos si pasábamos por el supermercado a comprar los ingredientes para una cena de celebración. Yo echaba de menos cocinar, y anhelaba hacer algo que se sintiera normal. Así que nos fuimos al supermercado... solo para comprobar que un paseo por los corredores era algo demasiado ambicioso para mi primer día fuera del hospital. Escogimos los ingredientes para preparar un filete de lomo con salsa teriyaki, espárragos y papas asadas, un platillo favorito de ambos que reservábamos para ocasiones muy especiales. Nos subimos, o más bien nos trepamos a rastras, al auto y nos dirigimos a la casa de mis padres, en donde íbamos a quedarnos a fin de estar más cerca de los bebés.

No habíamos avanzado mucho cuando descubrí que teníamos un problema: mi «vejiga» estaba llena. Todavía tenía puesta una sonda Foley, que es un catéter interno con una bolsa plástica transparente para recoger el orine, y no había manera de que pudiéramos avanzar otro kilómetro sin detenernos para vaciarla. A pesar de lo grotesco que suena, no tuvimos otra alternativa que detenernos a un lado de la carretera para ir al baño. Habiendo gastado hasta el último gramo de energía en la expedición al supermercado, hallé maravillosamente conveniente solo apuntar el bendito tubo hacia el suelo y, bueno, dejar el líquido fluir.

Jon y yo reíamos de manera incontrolable con las lágrimas corriéndonos por la cara, mientras permanecíamos sentados oyendo al siseo incesante que producía la bolsa al vaciarse. Recuperamos el control por un minuto solo para mirarnos el uno al otro y recuperar el aliento mientras el estrés acumulado se desahogaba en ráfagas de una risa a todo dar.

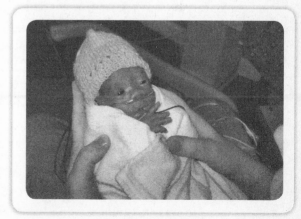

Aaden Jonathan.

Cuando finalmente llegamos a la casa de mis padres, con meses de pertenencias adquiridas que descargar del auto, mi mamá se preguntó en voz alta por qué peregrina razón nos habíamos demorado tanto. Nos la arreglamos para relatar juntos la experiencia en medio de risas contenidas, como dos adolescentes que trataran de explicar por qué habían llegado más tarde de la hora convenida. Fue uno de esos momentos que uno no se puede perder, y mi mamá, simplemente, nos empujó hacia la casa. Para alivio mío, ella ya tenía preparada una deliciosa comida que consistía de pollo y puré de papas.

Sin embargo, la cena no resultó ser la celebración que Jon y yo habíamos imaginado. Más bien fue molesta para mis hijas. Su mundo joven estaba a punto de ser trastornado de nuevo por otro gran cambio, y ellas estaban sintiendo cada indicio en una forma no muy sutil. Mady y Cara básicamente se portaron mal, hasta el punto de estallar en lágrimas… tanto ellas como yo.

Por mi mente cruzó el pensamiento de que «a lo mejor debo regresarme». Obviamente sabía que no podía volver a atrás —ni quería hacerlo— pero no pude negar que avanzar era difícil. ¿Cómo podría explicarle todo eso a dos niñas de tres años muy confundidas? Se me partió el corazón porque sabía con exactitud lo que estaba sucediendo; se preguntaban quién recibiría ahora la mayor atención. Así que mientras ellas tanteaban la situación, traté lo mejor que pude de ser paciente y comprensiva. Sabía que las niñas habían sido obligadas a adaptarse a muchos cambios, y mi reaparición fue tan solo la gota que derramó el vaso.

Todos los días íbamos a visitar a los bebés en la UCIN. Llegó a ser un lugar familiar en el que de modo extraño encontraba calma, con todos sus interruptores y aparatos eléctricos monitoreando de continuo los detalles de la delicada condición de cada bebé. Nos sentimos bendecidos porque seis incubadoras de último modelo, llamadas isoletes Giraffe, un regalo de Children's Miracle Network [Red de trabajo para el milagro infantil] al hospital, se hubieran reservado para mis bebés. Las cunas proveían calor debajo de unos colchones de espuma especiales, y estaban construidas con una cubierta que se podía subir o bajar, permitiendo que los médicos controlaran de forma efectiva el medio ambiente que cada bebé requería en particular. Un cuidado experto y cariñoso se derramaba sobre los bebés mientras poco a poco aprendían a respirar, mamar, tragar e incluso crecer.

Mientras tanto, yo me enamoraba cada vez más de ellos al notar sus sutiles diferencias: como los labios llenos y rosados de Collin y la delicada carita de muñeca china de Leah. De nuevo me sentí humilde ante la inmensidad de la creación y la gracia de Dios al sentarme en esas primeras mañanas de primavera a contemplar cómo la nueva vida brotaba fuera de la ventana, mientras las personalidades florecientes de mis bebés se desenvolvían dentro de la sala cuna. Así como los más diminutos retoños asoman su cabeza por la tierra fría y dura, ellos eran muy pequeños y frágiles; sin embargo, poseían una fuerza y una tenacidad que me hacían sentir tan orgullosa como pudiera estarlo la madre de cualquier fortachón futbolista de la NFL.

Jon y yo alentábamos a nuestros bebés cuando ganaban una decena de gramos aquí y otra decena de gramos allá. Nos asombrábamos todos los días al ver los rasgos distintivos de cada bebé revelarse mientras gradualmente crecían un poco más e iban cambiando de apariencia. El pelo de Leah al instante la identificó, muy negro y sedoso. Hannah era la que más se le parecía, y juntas se las arreglaron para al instante enrollar las cuerdas del corazón de unas cuantas enfermeras alrededor de sus diminutos deditos. A veces era difícil distinguir a la una de la otra.

Alexis tenía la piel más clara que sus dos hermanas, con el pelo rubio y la cara más regordeta. Poseía una chispa y un caris-

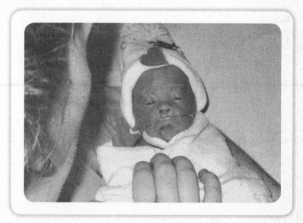

Collin Thomas.

8. Nuestros frágiles pero enérgicos luchadores

ma interno tales que de alguna manera parecía decir: «¡Atención mundo, aquí vengo yo!».

Collin era fácil de distinguir en el grupo. En realidad pesaba apenas unos cuantos gramos más que los demás durante la mayor parte del tiempo, pero era notable, en especial, porque su cabeza era más grande. Fue el más lento para desarrollarse, luchando para respirar por cuenta propia durante unas cuantas semanas después que los otros ya habían sido separados de la CPAP. (Felizmente, Collin no solo creció hasta tener un cuerpo proporcional al tamaño de su cabeza, sino que ha desarrollado también un gran corazón y una encantadora sonrisa.)

Aaden era idéntico al papá de Jon, aunque detesto decirlo, mi primer pensamiento fue: «¡Ay, válgame Dios! Parece una ardilla calva».

Leah Hope (y su papá).

¡Todos sabemos que lo dije de la manera más cariñosa y maternal! Después de todo, era el más pequeño del grupo y el único que no tenía pelo. (¡Lo lamento, Aaden! Pero no te preocupes, tu cociente de encanto se elevó a la velocidad de un cohete tan pronto como alcanzaste los dos kilos!»

Joel tenía la piel de un matiz más oscuro que la de Aaden y era más calmado. La primera vez que puse mis ojos en él contuve una exclamación. Allí, frente a mis ojos, estaba un Jon en miniatura dormido: su boca, sus ojos, su expresión… todo. En ese entonces no sabía que Joel, al que el personal de enfermeras ya había designado como «el muchachito callado en la fila de atrás que tan solo se preocupa por sus propios asuntos», llegaría a ser una réplica exacta de la personalidad de su papá: sin demasiados altibajos, sino simplemente firme y relajado, siguiendo la corriente y sin tener prisa jamás.

Mady y Cara se encontraban atareadas creciendo a su manera durante esas semanas frenéticas. Estaban muy acostumbradas a oír el vocabulario del hospital para entonces, así que a los tres años ya usaban palabras tales como UCIN, prematuros, CPAP y sextillizos como parte normal de sus juegos imaginarios. No estoy segura de si en realidad pensaban que había algo desusado en cuanto a sus hermanas y hermanos, o en el número de ellos o su tamaño miniatura. Las gemelas fueron libradas de todas las noches sin dormir llenas de preocupación porque Aaden hubiera recibido demasiado estímulo debido a un cambio de intravenosa o Leah vomitara todo lo que había comido. Ellas pasaron muchas de esas tardes con mi mamá mientras yo iba al hospital para andar de aquí para allá en un salón lleno de incubadoras especializadas. Cuando las niñas en ocasiones me acompañaban, por lo general se abrazaban a sus más recientes amigos, dos peluches que les había regalado una amiga. Hasta hoy Mady tiene a Tubby, un tierno hipopótamo verde, y Cara duerme con Slumber, su querido oso marrón. Estos dos antiguos compañeros han acompañado a las gemelas en todo, y ahora son irremplazables.

Mis días se volvieron una rutina algo desordenada. Sin que sea algo que deba causar sorpresa, hallaba difícil estar a merced de otros cuando sabía lo que tenía que hacer. Fue necesaria una agonizante paciencia de parte de todos nosotros mientras mi mamá y mi papá trataban de entretejer las muchas hebras sueltas de mi vida en su una vez tranquilo horario diario. Yo tenía una cosa y solo una en mente durante todo momento que estaba despierta: terminar lo que hubiera que hacer —ya fuera darme una ducha, hacer la comida para las niñas o cualquier otro de los quehaceres diarios— de manera que pudiera irme a la UCIN para ver a mis bebés. Me parecía que transcurría una eternidad antes de que mi mamá y yo finalmente pudiéramos salir para hacer el corto recorrido hasta el hospital cada tarde. Ella me dejaba y después volvía a recogerme. Como todavía no podía sentarme por mucho rato, solo pasaba como cuarenta y cinco minutos en el hospital al principio, pero después, felizmente, pude quedarme de dos a cuatro horas, y finalmente todo el día.

8. Nuestros frágiles pero enérgicos luchadores

Cuando atravesaba las puertas de la UCIN después de haberme restregado con todo cuidado las manos y los brazos, siempre trataba de evaluar con rapidez el ánimo del salón. ¿Era un día lleno de tensión con los médicos y las enfermeras agolpándose sobre los monitores que sonaban, o era más bien un día en el que me saludaban al instante con una sonrisa que indicaba que todo había estado bien? Por lo general, recibía una descripción detallada de las enfermeras de turno en cuanto a cómo había pasado la noche cada bebé, quién estaba «portándose bien», y quién estaba haciendo de las suyas ese día. Durante el informe, en algún punto alrededor del tercer bebé tenía que obligarme a respirar profundo, porque siempre temía que aunque hubiera recibido buenos informes de unos pocos, tal vez al final recibiría alguna mala noticia. Alabo a Dios porque hubo muy pocas ocasiones en que en realidad tuve una razón real para preocuparme.

Algo especial durante cualquier día era la oportunidad de levantar y sostener en mis brazos a uno o más de mis bebés. Tuve en mis brazos a Hannah el día en que salí del hospital. Ella tenía cinco días de nacida, pero se encontraba lo suficiente estable como para respirar solo con la ayuda del CPAP y podía tolerar el contacto. Jon y yo, por otro lado, casi ni podíamos respirar. Ella era meramente un bultito blando y dulce, envuelto en suaves frazadas. Recuerdo que me incliné para besar con gentileza su frentecita. Mis labios en realidad eran más grandes que su diminuta frente arrugada, y sentí como si acabara de besarle toda la cara.

Voy a admitir aquí algo por lo que he recibido muchas críticas: ese día me vinculé de todo corazón con Hannah, la primera de mis bebés que en realidad pude tener en mis brazos y acariciarla. Ella y yo establecimos ese inexplicable lazo desde el principio. Hannah pareció responder a mí como yo a ella, y ambas alimentamos la necesidad de la otra de recibir y brindar atención. No estoy diciendo que no me haya sentido unida a mis otros hijos; simplemente estoy señalando, por el solo beneficio de las otras madres de múltiples que andan por ahí, que somos humanas. A mi juicio, es muy natural vincularse con mayor facilidad con un bebé al que se ha tenido entre los brazos acariciándolo.

El pobre de Collin luchó durante dos semanas completas para llegar por fin al punto en que yo pudiera hacer algo más que estirar mi mano hacia su cunita y acariciar su bracito o piernita. Sentí que, como consecuencia, Collin y yo no nos vinculamos de una forma apropiada

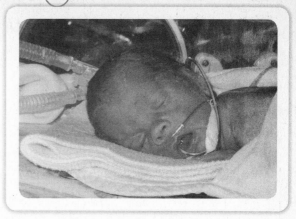

Joel Kevin.

sino hasta meses más tarde. Sin embargo, quiero afirmar, para que quede anotado y el mundo lo sepa, que yo, como cualquier madre de más de un hijo, amo a mis hijos de forma diferente pero por igual. Además, las relaciones personales con nuestros hijos crecen y cambian. ¡Ahora, tres y medio años más tarde, a Collin todos lo conocen cariñosamente como «el muchachito ayudante de mamá!». No me cabe la menor duda de que él sabe que se le quiere de todo corazón.

Una mañana llegué hasta el mostrador de la UCIN en mi silla de ruedas sintiéndome muy mal, apesadumbrada porque a mis bebés los tuvieran que pinchar y examinar, dolida de que estuvieran esforzándose por aprender un curso acelerado en cuanto a cómo respirar y comer. Me sentía inmensamente desilusionada conmigo misma por no haber podido sostenerlos por más tiempo. Si hubiera logrado mantener el embarazo apenas unos pocos días más, esto les hubiera dado más fuerza para enfrentar la lucha por sus vidas. Me sentía culpable y desdichada.

El Dr. Mujsce se me acercó mientras hacía sus rondas. Siendo un hombre que estaba rodeado de madres que atravesaban situaciones emocionales todos los días, de inmediato se percató de mi palpable tristeza. Sin vacilar me miró a los ojos y me contó una historia. Después del nacimiento de los sextillizos, un patólogo de placenta de gran renombre a nivel mundial vino al hospital a estudiar la media docena de placentas para una investigación científica. Lo que halló fue inaudito. El Dr. Mujsce repitió tres puntos principales: Primero, las placentas eran las más saludables que el patólogo jamás había visto. Segundo, estaban «estratégicamente colocadas para un crecimiento óptimo». Tercero, el patólogo pensaba que yo «había dado a luz en la cumbre de la montaña». En otras palabras, apenas unos pocos días más y la salud de uno o más de los bebés se hubiera visto severamente comprometida. Con una voz cargada de intensión el Dr. Mujsce me dijo de manera amable pero firme que era tiempo de que «hiciera a un lado mi desilusión».

Sentí que me inundaba un inmenso alivio. Le agradecí a Dios por usar al doctor de los bebés ese día para que me revelara tales detalles de manera que pudiera dedicar mi energía y mi atención a los pasos de avance milagrosos que minuto a minuto los bebés daban todos los días.

Mientras que las emociones estaban a flor de piel en la sala cuna, la vida en casa también se desarrollaba en medio del estrés. Todavía estamos quedándonos en la casa de mis padres, y yo anhelaba recuperar el control de mis días, mis hijas y mi vida. Quería ser «mamá» de nuevo. Detestaba sentir que de alguna manera ellas se estaban alejando de mí, y como una gallina que quiere recoger a sus polluelos, deseaba tenerlas bajo mis alas, si no bajo mi techo. Jon vio mi necesidad e hizo una llamada telefónica a la trabajadora social de la UCIN explicándole nuestra situación.

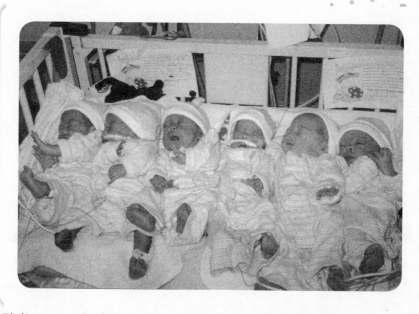

El día en que llevamos a Hannah y Leah a casa. De izquierda a derecha: Hannah, Collin, Leah, Aaden y Joel, 26 de junio del 2004.

9 Desplazados, juntos

El temor del SEÑOR es un baluarte seguro
que sirve de refugio a los hijos.

PROVERBIOS 14:26

Por la gracia de Dios y la diligencia de la trabajadora social, se nos dijo que podíamos hospedarnos en la casa Ronald McDonald en Hershey, Pennsylvania, apenas a minutos del hospital. La casa contiene veinticinco dormitorios y les ofrece refugio a las familias de niños seriamente enfermos. Al entrar con vacilación en la cocina amplia y bien arreglada, en donde varias familias se reunían para las comidas, quedé asombrada. Era la cocina de ensueño de cualquier mujer, sin embargo, yo apretaba las manos de Mady y Cara con fuerza al darme cuenta de que esto sería una experiencia de aprendizaje para mí. Siendo severamente «germófoba», no me sentía inclinada a compartir platos, utensilios y artefactos con completos extraños.

Esa incomodidad inicial fue breve. Yo era en verdad «mamá» por primera vez en más de seis meses, y Jon y yo nos sentimos muy alegres al reclamar a nuestra familia de cuatro. Me sentía como si acabara de escapar de algún tipo extraño de máquina del tiempo y como si las cosas rutinarias de todos los días se convirtieran en un ritual de regreso a la maternidad. Me llevaba casi dos horas completas darme una ducha, extraerme la leche del pecho para los bebés, vestir a las niñas y darles de comer un tazón de cereal a cada una, pero me entusiasmó el volver a estar activa en el juego de la vida.

Al inicio, empacaba el almuerzo para las niñas y las dejábamos en la casa de mi hermano y cuñada para que jugaran mientras nosotros íbamos al hospital. En ocasiones una amiga, Suzanne, se ofrecía a cuidarlas. Con el tiempo, conocimos a una familia que también estaba quedándose en la casa Ronald McDonald mientras su hijo infante se recuperaba en la UCIN. En verdad, era vecino de Aaden. La familia, que tenía un hijo mayor como de la misma edad que las niñas, venía de un área cercana a nuestra ciudad natal, y al instante hicimos amistad. Amy y yo teníamos un estilo similar de impartir nuestros cuidados maternales, por lo que pronto llegamos a la conclusión de que podríamos ayudarnos la una a la otra en el cuidado de nuestros hijos durante el día. Las niñas se entusiasmaron al tener a un nuevo amiguito, y yo quedé agradecida porque el arreglo funcionó muy bien para ambas. Estaba muy consciente de que no debía agotar a mis familiares y amigos con más peticiones para cuidar a las niñas después que ya habían estado ayudándome durante meses.

Hannah y Leah yendo a casa rodeadas del revuelo de los medios de comunicación.

Las noticias de nuestra numerosa familia se extendieron, por lo que nos invitaron a Jon y a mí para que recibiéramos una remodelación de nuestra casa como regalo de un nuevo programa de televisión. Jon y yo viajamos a nuestra pequeña vivienda de tres dormitorios para reunirnos allí con el equipo de filmación, lo que hizo que me sintiera muy nerviosa. Había estado fuera de casa por tanto tiempo que me parecía irreal cuando nos estacionamos en la entrada. Me pregunté: «¿Es posible que en realidad hayan transcurrido apenas unos pocos meses?». Todo en nuestra vida había cambiado de un modo tan drástico que nuestra casa parecía como una vieja amiga que no había visto en largo tiempo… familiar pero, aun así incómoda. Llegamos tarde al anochecer y dormimos bien. Pronto el equipo de filmación llegó para documentar nuestros pensamientos mientras recorríamos nuestra casa, conversando en voz alta sobre los diferentes cambios que se proponían.

Debería haberme sentido en éxtasis por esta respuesta a la oración. Jamás pensé que tendríamos tanta ayuda para tratar de reconfigurar nuestra casa de modo que todos pudiéramos vivir un poco más cómodos. No obstante, yo era un manojo de nervios. Me había despertado esa mañana y había decidido escuchar los mensajes de mi celular. No soy muy apegada al celular y rara vez recordaba verificar con regularidad las llamadas. Así que cuando oí la voz del médico y noté que el mensaje había sido dejado en las horas tempranas de la madrugada, mi corazón casi se detuvo. Dándole un giro nuevo por completo a un día de por sí ya tenso, nos enteramos de que nuestro pequeño Aaden estaba sufriendo de lo que se conoce como As y Bs: apnea y bradicardia. La apnea significa que deja de respirar por segundos a la vez, lo que como consecuencia resulta en bradicardia, o sea, en una reducción de los latidos del corazón. El miedo mayor era la pregunta de si él estaba o no contrayendo una enfermedad llamada enterocolitis necrotizante, que es una infección del tracto intestinal que puede ser lo suficiente seria como para que esta parte del cuerpo empiece a morir. Era obvio que esta podía potencialmente ser una situación en extremo amenazadora, y se nos informó que a Aaden lo habían enviado de inmediato a tomarle radiografías de los intestinos. Le darían antibióticos y tendrían que suspender su alimentación por tubo.

Me quedé clavada en un punto en la cocina sosteniendo el teléfono junto a mi oído, tratando con desesperación de no perderme ningún detalle de la información que me estaban dando. Como enfermera entendía plenamente la situación y las implicaciones potenciales. En ese momento, con las cámaras sobre mí y la gente esperando mi participación, sentí que el pánico me llenaba. Todo lo que me importaba era Aaden y él estaba a una hora de distancia. No me importaba la pintura, la lavadora de platos, los toques decorativos ni la etiqueta social, por lo que pudiera importar. Solo quería ir a ver a mi bebé.

Sin embargo, me sentía tan intimidada por lo que parecía la importante visita oficial de un equipo de televisión que no tuve las agallas para decir: «¡Lamento el inconveniente, amigos, pero yo me voy!». Pasé el día fingiendo interés mientras oraba fervorosamente que todo terminara pronto de manera que pudiera irme para estar con mi hijo.

Cuando ya no pude aguantar ni un solo minuto más, miré a Jon, suplicándole con los ojos que entendiera. Felizmente, él me conoce bien, así que dijo: «Kate, solo vete». Eso fue todo lo que necesitaba. Salí por la puerta del frente en dos minutos, sabiendo que Jon era capaz de resolver cualquier cosa que fuera necesario discutir. Conduje como loca por las sinuosas carreteras en medio de una lluvia cegadora. Me sentía como si estuviera en medio de una película con una trama de suspenso. ¿Podía posiblemente empeorar algo?, me preguntaba.

Cuando al fin llegué a la UCIN con los nervios de punta y temerosa, corrí hacia la incubadora de Aaden. Lo estaba cuidando un enfermero de turno que nunca antes había visto. Cuando le pregunté si podía tomar en mis brazos a Aaden, me dijo que el bebé había tenido un día muy difícil y que no me estaba permitido cargarlo por el momento. Yo sabía que mi hijo me necesitaba, sin embargo, no podía ni tocarlo.

Traté de conservar la calma, asegurándome a mí misma que él estaba recibiendo la mejor atención posible. Me imaginé que debía dejar que el enfermero hiciera su trabajo sin que yo estuviera atisbando con nerviosismo por encima de su hombro, así que lentamente hice mi ronda por el salón para ver a mis otros cinco bebés. Después de ver a cada uno de ellos, volvía a donde estaba Aaden con la esperanza de que se hubiera restablecido lo suficiente como para poder sacarlo de la incubadora. Lo hallé descansando en paz, sin mostrar en su carita ninguna señal del agitado día. No queriendo perturbarlo, estudié en silencio sus rasgos delicados y le agradecí a Dios que mi pequeño tuviera tal tenacidad y fuerza. Me prometí ese día que nunca más permitiría que algo o alguien estuviera antes que mis hijos. A veces tal vez molestaría a varios, lastimaría algunos egos, o parecería estar pidiendo demasiado, pero mi prioridad número uno después de mi Dios y mi esposo siempre serán mis ocho hijos.

Las bendiciones siguieron llegando a raudales. A las dos semanas de habernos mudado a la casa Ronald McDonald recibimos la noticia de que debido a la generosidad de la corporación Hershey se nos permitiría el uso de un hermoso condominio. Seríamos bienvenidos para residir allí justo hasta ese maravilloso día en que los diez haríamos finalmente, el recorrido de una hora hasta nuestra propia casa. Fue la primera vez en un tiempo muy, pero muy largo que en realidad podíamos estar solos. Es asombroso cuánto di por sentado algo tan abstracto como la privacidad que hasta llegó a ser inexistente en mi vida.

Al recordar nuestro intento previo de hacer una cena de celebración,

El lugar favorito de Cara y Mady en el condominio: el alfeizar de la venta.

decidimos que en esta ocasión una pizza congelada solo para nosotros cuatro estaría bien. Así que en nuestra primera noche en el condominio, el 11 de junio, un día antes de nuestro quinto aniversario de bodas, nos sentamos para disfrutar de nuestra comida rápida mientras nos maravillábamos de nuevo por la generosidad de personas que ni siquiera nos conocían. Nos sentimos inmensamente bendecidos y nos preguntábamos tal vez por millonésima vez: «¿Está esto en realidad sucediendo o vamos a despertarnos para descubrir que todo fue solo un sueño?».

El condominio fue pura bendición. Tenía una sala con un sofá plegable, un televisor grande, un dormitorio principal con una cama tamaño gigante, cocina, comedor y un dormitorio adicional con dos camas dobles. Nos encantó el pensamiento de poder al fin relajarnos, así que con rapidez, nos dimos a la tarea de convertirlo en un lugar en el que pudiéramos sentirnos cómodos y en casa.

Lo primero que Jon hizo fue establecer una «estación de bombeo» cerca de un sillón mullido en el dormitorio. La vista de ese tranquilo rinconcito del mundo me hizo llorar. Lo que más me agradaba era que estaba en una posición perfecta cerca de la ventana, la cual me permitía tener una vista amplia de la piscina afuera. En los días soleados, me sentaba y observaba a Jon salpicando a las niñas y riéndose con ellas en el agua. Pasé muchas horas en ese sillón, intentando bombear la suficiente leche como para proveerle a cada bebé un biberón en cada comida. Sin embargo, poco tiempo después aprendí una importante lección en cuanto a ser una madre que debía suplir las necesidades de múltiples bebés: unas pocas onzas de leche materna cuidadosamente dividida en seis partes en realidad no iban a ofrecer el mismo beneficio que una buena comida completa podía ofrecerle a los dos bebés más débiles, Collin y Aaden. Aprendí que ser madre de seis infantes iba a exigir que atendiera primero los problemas más críticos. Desde ese punto en adelante, Collin y Aaden recibieron la mayoría, si acaso no todo, de mi «oro líquido».

Atesoré en mi corazón esta «lección de la leche», sabiendo que yo, tal como la leche, podía con facilidad servirle poco a cualquiera de ellos si trataba de abarcar demasiado. Sería más útil si le daba mi plena atención al que me necesitara más en un momento dado.

La segunda lección que aprendí durante nuestra estadía en el condominio fue que en realidad necesitábamos sorprendentemente poco para sobrevivir. Los cuatro habíamos pasado más de un mes con solo unas pocas mudas de ropa y varias cajas empacadas cortesía de la casa Ronald McDonald. Los gentiles trabajadores de aquel lugar nos habían llevado al sótano el día en que nos mudamos. Allí, en estantes meticulosamente organizados, había toneladas de alimentos y víveres secos, y se me dijo: «Sírvase usted misma. Tome todo lo que necesite». Me quedé maravillada al notar que de nuevo Dios había suplido todas nuestras necesidades y mucho más. También me sentí humilde hasta la médula viendo la buena voluntad de estas personas al abrir su corazón, su casa y ahora su alacena para ayudar a cuidar a mi familia. Ellos habían llegado a ser otra pieza en el gigantesco rompecabezas que Dios estaba armando para demostrarnos su visión y su gracia.

Estas lecciones, junto con las que aprendí durante todo mi embarazo, dieron inicio a una gigantesca transición en mi corazón y en mi vida. En mis primeros días de maternidad con las gemelas, confieso que sentía un profundo apego por las cosas materiales. Mis dos hijas estaban siempre vestidas de modo impecable, con la precisa combinación de cintas para el pelo y, por supuesto, los zapatos perfectos para completar su vestuario. Establecía una conexión directa entre dos niñas limpias, bien vestidas, y mi éxito como madre. Mi impulso no se debía a la codicia o el narcisismo; simplemente me sentía obligada a ser, verme y hacer lo mejor que pudiera en todas las cosas y en todas las maneras. Esa ambición tan elevada a veces resultaba en el descontento y unas demandas imposibles de alcanzar. Ese aspecto de mi personalidad ha sido un aguijón en mi costado, y hasta hoy a menudo necesito recordarme a mí misma cuán poco teníamos durante esos meses en el condominio de Hershey, y sin embargo, lo completamente felices que éramos porque nos teníamos el uno al otro y a nuestros ocho hijos sanos.

Desde el momento en que me enteré de que estaba encinta con sextillizos, Dios me llevó a un lugar de absoluta dependencia en él... financiera, física, emocional y psicológica. Conforme aprendía a apoyarme y a confiar en él por completo, Dios, por su bondad y gracia, me bendijo con más de lo que pudiera haber esperado o imaginado: más hijos, más alegría, más fe y, está bien, incluso más ropa para lavar. Ahora puedo pararme sobre mis montañas de ropa para lavar y en realidad estar agradecida. Le agradezco a Dios todos los días porque tengo hijos que se ponen ropa, así como ropa para vestir a mis hijos.

Aunque pasamos un total de cinco semanas en nuestro refugio en el condominio, la vida diaria estaba cambiando con rapidez. Todos los días los bebés crecían y se ponían más fuertes y saludables. De manera rutinaria se realizaban análisis para asegurarse de que estuvieran desarrollándose como era debido: las tomografías axiales computarizadas (TAC) verificaban las hemorragias cerebrales, una complicación común en los prematuros; las válvulas del corazón que necesitaban cerrarse por cuenta propia; así como el desarrollo de los ojos, otra preocupación común en los bebés tan pequeños. Como siempre Jon y yo lanzábamos un suspiro de alivio conforme cada una de las pruebas a cada uno de los bebés volvía mostrando grandes resultados. El Dr. Mujsce comentó varias veces que tener seis infantes y que todos fueran cien por ciento sanos, era un milagro absoluto. Concordamos de todo corazón.

Empezamos a esperar el día en que los médicos a la larga comenzarían a darle de alta del hospital a cada uno de ellos. Por emocionante que esto era, también nos destrozaba los nervios. ¿Qué peregrina cosa sabíamos en realidad en cuanto a la responsabilidad de atender a seis infantes prematuros de alto riesgo? ¿Cómo podía alguien en verdad estar preparado para esto de todas maneras? Nuestras vidas habían sido una serie de sucesos impredecibles por tanto tiempo, que no podía imaginarme la energía, la organización y la flexibilidad que iban a ser necesarias para recuperar de alguna manera nuestra estabilidad como pareja y familia.

Por otro lado, empecé a sentir que surgía en mí un instinto familiar muy especial. Dándome cuenta de que los bebés correrían un riesgo significativo de enfermedades e infecciones, nos dispusimos a lograr que el medio ambiente en el condominio estuviera libre de gérmenes y fuera lo más seguro posible para ellos. Primero, Jon lavó con champú las alfombras. Luego quitamos del paso los muebles del comedor para tener más espacio para colocar paquetes y juegos, mientras que yo recubrí cada sofá con sábanas frescas de algodón blanco, intentando disminuir los contaminantes y el polvo que pudieran causar problemas.

Cara y Mady sentían el inminente entusiasmo también, pero estaban mucho más entusiasmadas con el tren que con regularidad pasaba tal vez como a cien metros de la ventana de su dormitorio. Se sentaban en el amplio alféizar esperando el estruendo del tren que pasaba, el cual hacía vibrar hasta los huesos. Una vez Jon encontró a Cara en medio de la noche acurrucada en el alféizar, apretando a su compañero Slumber, luego de haberse quedado dormida allí en medio de su vigilia.

Me sentía orgullosa de que Mady y Cara se ajustaran a su nueva casa, pero todavía sentía que necesitaba la paz mental de saber que ellas recibirían la atención que merecían cuando al fin llegaran los bebés. Por consiguiente, después de enterarnos de que Hannah y Leah serían las primeras a las que les darían el alta, se decidió que las niñas harían su primer viaje para pasar la noche en la casa de la madre de Jon el día después de que sus hermanas salieran. Con mis días todavía consumidos por tantas incógnitas, fue un gran alivio saber que las niñas estarían seguras con la abuela, recibiendo cariño y atención.

Me di cuenta de que incluso con toda mi preparación cuidadosa, no había pensado en lo que los bebés vestirían al salir del hospital para venir a casa. Fue entonces que Amy, la amiga que había conocido en la casa Ronald McDonald, me mostró por casualidad un encantador vestidito que alguien le había regalado cuando ella estaba encinta. Al expresarle nuestro asombro porque era obvio que su bebé varón no necesitaría un vestido, me preguntó si yo lo quería. Era color crema claro, maravillosamente adecuado para una niña, y cubierto con encantadoras flores púrpuras. No solo era adorable, sino que también tenía un precioso gorrito de tela para combinar. Era absolutamente perfecto, y puesto que lo habían comprado hacía poco tiempo atrás, pensamos que tal vez podíamos hallar otros dos de modo que las tres niñas pudieran vestirse igual. ¡Más tarde ese día, Jon y yo fuimos al almacén Babies «R» Us y hallamos con facilidad los otros vestidos! También hicimos nuestras primeras compras para los niños: tres trajes de tela color celeste con gorritos tipo marinero. Estaba muy emocionada al pensar en lo preciosos que se verían nuestros tres pequeños en su primera ropa oficial.

●

El 26 de junio salimos del hospital con Hannah Joy y Leah Hope de seis semanas. Al pasar por las puertas nos recibió un grupo numeroso de reporteros y fotógrafos de noticias. Esto todavía era algo abrumador

9. Desplazados, juntos

para mí, pues sentía que debía proteger a mis dos niñitas que a duras penas se podían ver por encima de los costados de sus asientos de bebé. Todo el mundo buscaba un lugar para verlas, y el centelleo de las luces de las cámaras se dejó ver mientras nos dirigíamos al auto que nos esperaba. Estábamos en tal cúspide emocional que nos sentíamos como si camináramos sobre el aire. Era difícil asimilar cuánto habíamos recorrido y que estábamos dando otro paso gigantesco en nuestro largo, largo camino para llevar a casa a nuestra familia.

Al abrir la puerta de nuestro condominio nos hallamos con seis flamantes cunitas compactas, fáciles de empacar y almacenar. Jon y yo nos miramos el uno al otro, preguntándonos de qué manera habían llegado hasta allí. Pronto nos informaron que los empleados de Babies «R» Us habían conseguido permiso para entrar en secreto a nuestro espacio prestado y armar las cunas como una sorpresa de bienvenida a «casa». Fue una sorpresa muy práctica y valiosa, porque ninguno de nosotros en realidad tenía un plan hasta entonces en cuanto a lo que tenía que ver con el lugar donde dormirían los bebés. Parecía ilógico que no hubiéramos considerado tan gigantesco detalle. Las cunitas se usaron muy bien desde ese día en adelante durante tal vez tres años, hasta que los bebés al fin crecieron demasiado y las aprovechaban para echar aunque fuera una breve siesta en ellas en la casa de algún amigo.

A la mañana siguiente despedimos con un beso a Cara y a Madelyn que se iban a su emocionante aventura en la casa de la abuela. No habíamos fijado un tiempo específico para su estadía, puesto que no sabíamos lo que a los pocos días siguientes nos depararían con relación a los bebés siendo dados de alta del hospital. Convenimos en que se quedarían con su abuela hasta que mostraran señales de extrañar la casa y hubieran estado lo suficiente, probablemente una semana. La mamá de Jon fue maravillosa mientras conversaba con alegría sobre todas las cosas de niñas grandes que había planeado para la visita de ellas. Dejé escapar un suspiro de alivio conforme la curiosidad y el asombro brillaban en los ojos cafés de Mady y Cara cuando me dieron un último gran abrazo antes de agarrar la mano de la abuela y salir dejándonos atrás a nosotros cuatro.

Fue extraño durante las primeras pocas horas: Jon y yo tuvimos una sensación de éxtasis con nuestras dos bebitas. De repente todo estaba muy tranquilo en el condominio, y decidimos poner a Hannah y a Leah en el cochecito doble de Mady y Cara y salir a dar una caminata al aire libre y fresco. Mientras caminábamos juntos en una preciosa tarde cálida a principios del verano, nos sentimos contentos y teniendo todo bajo control. «¿No hicimos esto hace apenas tres años?», nos preguntamos. Sabíamos de gemelos, sabíamos de niñas… habíamos hecho esta parte antes. Animados por la confianza enérgica y tal vez ingenua de la juventud, caminamos con una nueva agilidad en nuestro paso, sacando de nuestras mentes apenas por una tarde el hecho de que cuatro personitas más, pronto llegarían para redefinir por siempre nuestra idea de tener todo «bajo control».

No pasó mucho tiempo antes de que le preguntara al Dr. Mujsce cuándo nos entregarían más bebés. Creo que mis palabras fueron: «¡Démelos!». Él solo sonrió a su manera calmada de médico y dijo que no quería abrumarnos, pero que sería «pronto».

El doctor cumplió su palabra, y el miércoles 30 de junio, Jon y yo de nuevo vestimos a Hannah y a Leah con sus hermosos vestidos iguales para ir a recoger a su hermana Alexis. «Trillizos. Podemos hacer esto», pensamos. Y lo hicimos. A pesar del hecho de que nos estábamos sintiendo cada vez más y más exhaustos, todavía podíamos pensar de forma coherente y empezar a diseñar un horario factible más concreto.

De modo irónico, Jon pudo desempeñar un papel activo en la tarea de establecer ese cimiento, pues sin ninguna ceremonia lo habían despedido de su empleo por segunda vez desde que supimos que estaba encinta. Esto sucedió pocos días antes de que lleváramos a Hannah y a Leah a casa. Él había estado trabajando para una compañía petrolera, y después de reparar la red de computadoras de la entidad y luego de entregar su información sobre el seguro, habiendo trabajado allí apenas durante un mes, le dijeron que ya no lo necesitaban.

La primera vez que Jon perdió su empleo fue duro. No se trataba solo de que la ocasión fuera horrible debido a que yo estaba encinta en ese tiempo, sino que obviamente era desalentador en todo aspecto práctico. Si pensamos que la primera vez había sido difícil, la segunda vez fue una pura tortura. De repente, el temor hizo que nos llenáramos de deseos de venganza. ¿Qué tal si este patrón continuaba y básicamente destruía toda posibilidad de que Jon pudiera proveer para nuestra familia? ¿Habría alguien que estuviera dispuesto a emplear a Jon de nuevo alguna vez? ¿De qué manera íbamos a proveer comida, vestido y techo para nuestros hijos? Por momentos no tenía ni idea de dónde estaríamos en una semana, y si permitía que mis pensamientos divagaran demasiado, me enfermaba físicamente.

Conforme la duda y la incertidumbre asomaban sus horribles cabezas, se pudo hallar un resquicio de luz en la gran lóbrega nube tormentosa que se cernía sobre nuestras vidas. Jon tuvo la oportunidad de ayudarme con la transición de llevar a los bebés a casa. Él estaba allí para ayudarme a darles de comer a nuestros bebés, cambiarlos y bañarlos, la cual fue quizás la única razón por la que sobreviví, mejor dicho, sobrevivimos. Me di cuenta muchísimo más tarde, con la sabiduría que solo una mirada en retrospectiva puede ofrecer, de que yo nunca hubiera podido manejar las demandas físicas y emocionales de cuidar a los bebés sola todo el tiempo. También me imagino que habría sido difícil estar conectados como pareja si él salía cada mañana a su mundo corporativo mientras yo me quedaba atrás en casa ahogándome en un mar de biberones, pañales y llantos exigentes.

Joel fue el siguiente bebé al que le dieron el alta del hospital; el primero de los tres varones. Para ese tiempo nuestros días en el condominio con las tres niñas eran mucho más difíciles, así que decidimos que tendría sentido que Jon se quedara en casa con ellas mientras yo iba a recoger a nuestro hijo. La foto de la venida de Joel a casa tomada el 2 de julio fue muy diferente de la de sus hermanas. Se trataba solo del diminuto Joel en su asiento de bebé. No estaba esperándolo ningún fotógrafo de algún periódico importante, ni reporteros, ni otros medios de comunicación. Ni siquiera lo había bañado antes de vestirlo; para mí, eso era un pequeño ejemplo de cómo mi necesidad de control estaba debilitándose. Con honestidad, la venida a casa de Joel fue la mejor de todas… es un tierno recuerdo para mí cuando pienso en nuestro apacible viaje hasta la casa. Si hubiera sabido que iba a ser la única vez en que Joel y yo íbamos a estar a solas durante tal vez todo su primer año de vida, hubiera valorado incluso más esos quince minutos.

Joel no fue un bebé fácil en sus primeros pocos días en el condominio. Por lo general estaba intranquilo y se quejaba en un tono bajo casi constantemente. Lo arrullábamos, lo mecíamos y caminábamos con él, pero no fue hasta que mi hermana Chris llegó que nosotros, o mejor dicho ella, descubrió el toque mágico. De alguna manera ella se las arregló para lograr que Joel se calmara. Le habíamos pedido a Chris que viniera cuando nos dimos cuenta de que necesitamos a alguien que les diera de comer por la noche. Ella se portó muy bien aunque estaba en su vigésima semana de embarazo. De buena gana preparó a Meghan, su hija de siete años, y vinieron desde Ohio para brindar un par de manos adicionales por casi semana y media.

Gracias a Chris y lo que parecía su interminable provisión de energía nos arreglamos bastante bien con nuestros cuatro bebés que estaban en casa. Aunque cada día era de alguna manera un ajetreo, Jon y yo todavía conseguíamos ir al hospital a diario para ver a Collin y a Aaden. Collin era todavía el bebé más grande, pero era también el más débil físicamente y el que menos reaccionaba. Estaba necesitando su propio tiempo para madurar hasta el punto en el que se le pudiera dar de alta. Aaden, por otro lado, era el más pequeño al nacer, pero en cuanto a desarrollo había siempre estado a la par de las niñas. Sin embargo, cuando sufrió el aterrador revés, se atrasó y le llevó varias semanas recuperarse por completo.

Justo cuando la tía Chris se tuvo que marchar, llegó por fin el momento de que Collin y Aaden se unieran al clan en el condominio. Detuve a Chris en la puerta antes de que saliera e hice que me mostrara el «toque mágico» que había usado con Joel. Era la primera vez en mi vida adulta que podía imaginarme cayendo al piso y aferrándome a los tobillos de alguien para impedir que se fuera.

Ella veía y entendía muy bien mi desesperación, pero dejó escapar su risa bonachona al demostrarme en una clase rápida su bien ensayado método para mecer a Joel. Me sentía muy extraña al preguntarle a alguien cómo contentar a mi propio bebé. Detesté no haber tenido el tiempo para imaginármelo por mí misma. Dividiéndome en cuatro, simplemente no podía estar presente el tiempo suficiente como para captar las peculiaridades de Joel. Eso me molestó, y pronto me di cuenta de que se trataba apenas de la punta del témpano. Muchas, muchas veces en las semanas y meses que vendrían necesitaría acudir a otras personas para que les dieran de comer, arroparan, calmaran y mecieran a mis hijos. Esta fue una parte de mi realidad que no aprendí ni acepté con facilidad.

El 9 de julio Aaden pesaba más de dos kilos y fue enviado a casa con un monitor que nos advertiría si dejaba de respirar en cualquier momento. A Hannah también la habían enviado a casa con un monitor, y acostumbrados ya a los zumbidos y pitidos por dos meses para ese entonces, esto no parecía asustarnos tanto. Era en realidad una rutina regular para los prematuros «olvidarse» de respirar a veces. Sus sistemas todavía estaban esforzándose por nivelarse, y a veces era como si tan solo marcharan sobrecargados.

Collin pesaba unos pocos gramos menos de tres kilos cuando dejó el hospital con su hermano ese día. En realidad parecía un poco cachetudo mientras lo colocaba con alegría en el asiento de bebé para llevarlo al condominio. No podía creer mientras conducía por la sinuosa salida del hospital que tendría a todos mis seis hijos conmigo en un solo lugar. Me sentía exhausta, entusiasmada, emocionada y pienso que de cierta manera, exonerada. Creo que muchos pensaron que estaba algo loca durante todo mi embarazo, con cosas tales como exigir mis vitaminas, recibir masajes semanales, cantar hasta quedarme ronca en mis esfuerzos por mantenerme positiva y creyendo en mi Dios. Sin embargo, al salir del hospital con el último de mis seis bebés sanos, pienso que más de unos pocos quedaron asombrados por el milagro que habían visto desarrollarse.

Más tarde esa noche, cuando Jon y yo nos derrumbamos en la cama, nos quedamos acostados allí en la oscuridad de nuestro dormitorio rodeados por tres cunas corralitos, cada una conteniendo dos infantes bien envueltos en pañales. ¡Ah! Quietud. Pero no por mucho rato. Alrededor de nosotros se escuchaban suaves ruiditos extraños y ronquidos. Con una voz cansada y perpleja, Jon preguntó: «¿Tenemos acaso chivos?».

Eso fue suficiente para desatar una risotada que nos privó del sueño. Nos reímos por casi una hora entera, y cada vez que nos calmábamos, oíamos algún otro ruido nasal y volvíamos a reír de nuevo. Fue bueno reírse y que la alegría llenara el cuarto al tener por fin a todos nuestros bebés milagrosos durmiendo bajo un mismo techo.

A la mañana siguiente la euforia se había disipado y nos miramos el uno al otro con la seriedad de unos ojos trasnochados. Después de una larga noche nos dimos cuenta de que necesitamos ayuda… y rápido. Había sido en realidad un esfuerzo mayúsculo el estar yendo toda la noche de un bebé al siguiente, y al siguiente, y al siguiente, y… pues bien, usted capta la idea. Parecía algo interminable. Justo cuando cada uno de nosotros lograba cambiar, dar de comer y volver a dormir a un bebé, teníamos que atender de inmediato al siguiente en la línea, que por lo general, ya se esforzaba para chillar frenéticamente por ese entonces. Con el asomo de la luz de la aurora, nos sentimos como si alguien nos hubiera colocado en una máquina de caminar sin mostrarnos cómo detener el artefacto. Estábamos corriendo y corriendo, y sin embargo, mientras corríamos a preparar biberones, dar de comer y cambiar pañales, nos sentíamos como si estuviéramos apurándonos sin llegar a ninguna parte.

Nuestra compañía de seguros nos refirió a una compañía privada de enfermeras que podría proveernos a dos de ellas de once de la noche a siete de la mañana. Estábamos desesperados, y no obstante, era difícil entregarles a nuestros prematuros de alto riesgo, dos de los cuales todavía llevaban monitores, a personas completamente extrañas. Me sentí triste, pero sabía que necesitaba hacer lo que era mejor para los bebés.

Por desdicha, tuve que cuestionarme una y otra vez si en verdad nuestra decisión de contratar enfermeras externas era lo mejor para los bebés. Las primeras enfermeras que nos enviaron no tenían experiencia específica en el campo de la pediatría, en especial para tratar con bebés que acababan de salir de la UCIN. Un incidente en particular confirmó todas mis preocupaciones. Mientras Jon estaba cambiando el diminuto pañal de Alexis una mañana, lo oí llamarme a gritos. Cuando llegué a su lado junto a la mesa de cambiar pañales, lo que vi me horrorizó. Allí, en el pañal de Alexis, había un pedazo de dulce del tamaño de una moneda de veinticinco centavos que obviamente había dejado caer la enfermera durante un apurado y mal hecho cambio de pañales en la noche.

Yo estaba furiosa y sin embargo, me sentía impotente. Estábamos desesperados y sabíamos que necesitamos ayuda; no podía darme el lujo de simplemente despedir a las enfermeras. Mientras todavía estaba tratando de calmarme, hice una llamada telefónica muy emotiva al director de la agencia de enfermeras, pidiéndole con firmeza que me enviara a las mejores profesionales de su personal. Mis bebés y yo habíamos atravesado una batalla por nuestras vidas y pensaba que merecíamos el mejor de los cuidados.

Sabía que de nuevo a lo mejor me criticarían por mis demandas tan altas, no obstante, ¿por qué me iba a conformar con menos de lo que cualquier madre esperaría? ¿Debería mi preocupación disiparse debido a que mi situación singular estaba poniendo a prueba al sistema? No. Mi preocupación se multiplicaba por seis, y por consiguiente, sí, a veces podría parecer demasiado exigente. Digamos las cosas como son: mi vida en ese tiempo era en extremo exigente, y mis opciones eran presionar a todos para atender esas demandas o dejarme engullir por la pesaba ola de la responsabilidad. Hundirme no era algo que me permitiría con seis bebés dependiendo de mí, así que, sin pedir disculpas, decidí que continuaría haciendo lo que fuera necesario para darles a mis bebés la atención cariñosa y el cuidado que merecían.

Nos asignaron nuevas enfermeras, pero Jon nunca logró en verdad descansar, puesto que se impuso una especie de sueño con un ojo abierto para poder monitorear el cuidado de nuestros bebés toda la noche. ¡Él es un buen papá!

Los bebés recibían alimentación cada cuatro horas (8:00, 12:00, 4:00, 8:00). Debido a que eran prematuros, todavía eran lentos para chupar el biberón y tenían sistemas digestivos sensibles. A veces se necesitaba casi una hora completa para lograr que un bebé soñoliento consumiera apenas tres onzas de leche. Cuando se le había sacado el aire a un bebé, cambiado de pañales y arrullado para que se durmiera, ya era casi el tiempo de empezar a calentar los biberones para la siguiente comida.

Jon y yo pensamos que tendríamos que lograr que de alguna manera nos crecieran brazos extras, pero felizmente llegó la ayuda. Antes de mucho tiempo, hallamos que nuestro condominio, que al principio nos había parecido tan amplio y espacioso, era un atareado centro de voluntarias que entraban y salían. De un grupo de casi treinta personas, de alguna manera logramos reunir suficientes ayudantes para cada comida. Se estaba logrando realizar el trabajo, pero muy pronto nos dimos cuenta de que necesitábamos un horario más preciso para las voluntarias con el fin de eliminar la posibilidad de tener tal vez a siete personas apareciéndose para una comida y solo dos para la siguiente. Me intranquilizaba saber que uno o más de los bebés que lloraban tendrían que esperar si no había manos suficientes.

Parece extraño que después de explicar cuán maniática del control era, no tuviera listo un plan predeterminado para ponerlo en marcha. Solo puedo decir que esto fue por la gracia de Dios. Él sabía que yo solo podía lidiar con una cantidad limitada de problemas en un momento dado. Mientras estaba en el hospital con tanto tiempo para afanarme y preocuparme, de alguna manera me las arreglé para tener paz con relación a que la ayuda necesaria aparecería en el momento preciso. Mateo 6:34 dice: «Por lo tanto, no se angustien por el mañana, el cual tendrá sus propios afanes. Cada día tiene ya sus problemas». Baste decir que cada uno de mis días definitivamente tenía ya suficientes dificultades; por consiguiente, no tenía en realidad otra alternativa que confiar y creer.

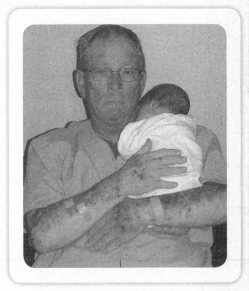

¡Nuestro Poppy ayudando con los bebés!

Eso no quiere decir que Jon y yo simplemente nos recostamos y dimos por sentado que las personas vendrían al instante y nos ayudarían a cuidar a nuestros hambrientos bebés. En realidad, hablábamos de que los retos diarios serían nuestra sola responsabilidad, y a menudo ideábamos los diferentes escenarios posibles. Lo que quiero dar a entender es que yo, como la planificadora completa y la obsesiva controladora que era, por fin había asimilado el hecho de que podía confiar en que Dios cuidaría de todos los detalles.

Mi amiga Marsha, a quien había conocido desde la secundaria, era una de las personas que se aparecía en el condominio para darles de comer a los bebés durante ese tiempo. Siendo una organizadora natural, ella podía ver el estrés que nos provocaba nuestro dilema con las voluntarias y se ofreció a intervenir y confeccionar un horario «real». ¡Ah, qué alivio! Me sentí tranquilizada al percatarme de que podía mirar la lista y saber que para alimentar a los bebés a las cuatro de la tarde tendría el número preciso de voluntarias.

Sin embargo, aunque era maravilloso que tantas personas quisieran ayudar, fue una enorme frustración comprobar que parecía haber igual número de curiosos que solo estaban interesados en ver a los bebés. También había varios que simplemente no estaban preparados para la fragilidad y el poco peso de un bebé tan pequeño; parecían incómodos, nerviosos y desesperados por escapar. Los pitidos de los monitores ponían nerviosos a algunos, al punto de dar un brinco cada vez que uno de ellos empezaba a sonar.

A menudo, después que Jon y yo dedicábamos un tiempo para instruir con todo cuidado a las voluntarias sobre cómo sostener a un infante prematuro mientras le daba de comer, nunca más volvíamos saber de esa persona. Unas pocas horas más tarde entraba un grupo totalmente nuevo de voluntarias, la mayoría nunca había sostenido en sus brazos o dado de comer a un bebé prematuro. Una vez más, bien fuera Jon o yo, demostrábamos con todo cuidado cómo sostener al bebé derecho con la cabeza inclinada ligeramente hacia atrás. Explicábamos la importancia de mover al pequeño con lentitud y mantenerlo derecho por lo menos durante media hora después de darle de comer para que no se alterara su estómago. La letanía de instrucciones para cada nueva voluntaria se hizo de alguna manera redundante y agotadora en muy poco tiempo.

Una tarde, los cielos fueron poniéndose de un color gris horrible. El aire estaba opresivamente candente y estático, y parecía traer una aciaga advertencia. Jon estaba preparándose para ir a la ciudad de Ephrata a encontrarse con mi hermana Kendra a fin de tomar una clase de RCP infantil. Se había propuesto inscribirse en esa clase, considerando que aunque yo era enfermera y obviamente sabía acerca de RPC infantil, él también debía tener ese conocimiento. Estuve completamente de acuerdo, y me alegré de que pensara así, pero con los cielos ennegreciéndose como la noche a media tarde de verano, estaba bastante asustada al ver que se marcharía. Le supliqué que se quedara en casa y tomara la clase otro día. No quiso saber nada de eso, y en verdad pienso que había estado esperando con alegría esa salida programada. No estaba dispuesto a permitir que un poco de mal tiempo le impidiera tener varias horas de interacción afuera, así que se fue.

Mientras tanto, varias voluntarias estaban sentadas en el sofá con los bebés. Pude leer en la cara de cada una que estaban preocupadas como que yo. Mi amiga Doneece en realidad me preguntó si pensaba que debíamos mover las cunitas alejándolas de la ventana. Ninguna de nosotros jamás había experimentado un clima tan extraño.

Todavía preocupada, pero dedicada a múltiples tareas como siempre, decidí darme una ducha rápida mientras las voluntarias esperaban a que pasara la tempestad. Esto me llevó apenas unos pocos minutos, disfrutando del calmante efecto del agua, pero al salir y empezar a secarme el pelo, sentí una apremiante necesidad de apagar el secador y orar. Hasta ese momento nunca había tenido en realidad una experiencia de lo que algunos llaman «un suave murmullo». Parecía algo dramático, incluso para mí, pero queriendo volver con los bebés, traté de ignorar el sentimiento y continué secándome el pelo.

No resultó. Era como si Dios me estuviera diciendo: «¿Estás escuchándome?». Sentí una urgencia indescriptible de detener todo al instante y orar. Dirigiéndome a las gemelas que estaban jugando justo fuera de la puerta del baño, las llamé, diciéndoles: «¡Niñas, vengan! ¡Tenemos que pedirle a Jesús que proteja a papá!». Ellas entraron y juntas elevamos en voz baja una corta pero sincera oración.

Antes de que pasaran dos minutos, timbró el teléfono. Era Jon. Casi sin aliento me contó que acababa de conducir a través de un tornado. Vio los campos de maíz a su izquierda en donde las plantas estaban firmes y derechas, en tanto que en el lado opuesto de la misma carretera parecían como si acabaran de ser cortadas por una guadaña gigantesca. Todo un barrio de la pequeña ciudad de Palmyra había sufrido severos daños cuando el tornado tocó tierra.

Ese día aprendí a hacerle caso a ese suave murmullo. A veces hay tanto ruido zumbando en mis oídos que no puedo oír lo que Dios está tratando de decirme. Tengo que escuchar con atención, y luego, más importante todavía, obedecer.

Durante nuestras primeras semanas fuera del hospital todo transcurrió bastante bien. Era como aprender una complicada rutina de danza, y después de muchas horas de práctica, poco a poco nos las arreglamos para dar los primeros pasos. Sabía que habría muchos días difíciles por delante. Con todo, no me daba cuenta de que el regreso a casa despertaría en mí todo un nuevo conjunto de emociones. En el condominio, mi tendencia natural a reclamar mi espacio todavía no se había despertado; estábamos en un territorio neutral, así que el torrente de gente que entraba y salía a todas horas del día y la noche, aunque no fuera nada normal, no era tan perturbador como pronto lo sería cuando toda esa gente, algunos de ellos completos extraños, estuvieran metidos en *mi* casa, en *mi* sala, teniendo en sus brazos a *mis* bebés.

Dirigiéndonos a casa como una familia de diez... ¡al fin!

10 No hay otro lugar como el hogar

Aun el gorrión halla casa cerca de tus altares;
también la golondrina hace allí su nido, para poner sus polluelos.

SALMO 84:3

En la mañana del 18 de julio di una ojeada alrededor del condominio. Nos había servido bien como nuestra casa lejos de la nuestra,
y quería grabar en mi memoria la huella de esa alocada temporada de
nuestras vidas. Ya hacía mucho que había desaparecido esa sensación de
limpieza y amplitud, similar a la de un hotel, con que nos había recibido
cinco semanas atrás. En el lugar había cunitas, montones de pañales y
toallitas para la limpieza, ropas de bebés, biberones y frazadas. Parecía
—y olía— como si seis bebés vivieran allí. Los muchos cambios de
pañales se percibían en el aire, pero cuando me quedé quieta por apenas
un minuto, también pude percibir el aroma más leve y dulce del tiempo
del baño mezclado con el natural perfume intoxicante que emana de los
recién nacidos.

Con toda certeza nos habíamos apoderado de las habitaciones del
condominio, dejando nuestra huella por dondequiera que se mirara,
pero era tiempo de avanzar. Teníamos programado volver a casa al día
siguiente. La tarea de empacar casi seis meses de pertenencias acumuladas era imponente. Yo guardaba algunas cosas, le daba de comer a un
bebé, me extraía algo de leche, preparaba algunos biberones, empacaba
una caja, le daba de comer a las niñas, cambiaba a un bebé, me extraía
más leche, le daba de comer a otro bebé y empacaba otra caja. Sobra decir que incluso con las personas voluntarias ayudándome con los bebés

y Jon ayudando a empacar las cosas grandes, tuve de nuevo que hurgar hondo para encontrar la energía y el impulso para continuar adelante.

Además de la energía física que se necesitaba para lograr empacar todas las cosas de los diez, teníamos una ansiedad mental que en ocasiones amenazaba con cruzar la línea y convertirse en un pánico desenfrenado. No poseíamos un transporte adecuado para llevar a nuestros bebés a casa. Me imaginaba que tendríamos que hacer dos o más viajes en nuestra camioneta. ¿De qué otra manera cabrían todos los asientos de bebé junto con, las pertenencias? Felizmente, la mamá de Jon, pensando con claridad, había llamado a los productores del programa sobre el hogar que, atareados, terminaban la renovación de nuestra casa. El plan era que ellos enviarían una limousina para llevar a nuestra familia a casa y luego, tendrían las cámaras preparadas para cuando nosotros viéramos la gran revelación por primera vez. Nos sentíamos agradecidos.

No obstante, había otro problema: además de nosotros diez, también se necesitaría una voluntaria para cada bebé, a fin de asegurar que no se pasaran por alto las horas de las comidas, el cambio de pañales, la atención cuidadosa a los monitores, y básicamente, que nadie ni nada se perdiera en la trifulca. También necesitaba una voluntaria adicional para que fuera solo responsable de Mady y Cara. A todas luces iba a ser un día frenético y ajetreado, y no era sabio ni justo esperar que las dos niñas simplemente nos siguieran en todo. Todo esto resultaba en un gran total de diecisiete personas.

El asunto empezaba a parecerse cada vez más a un circo que tuviera actuaciones simultáneas en tres pistas. Recuerdo que cuando era niña, vi a un acróbata caminando sobre la cuerda floja como el suceso principal en la pista central de «El más grande espectáculo de la tierra». Me dio gran consolación entonces ver la casi invisible red tendida debajo de él para atraparlo con suavidad si se caía. Como adulta, sabiendo que todos los ojos iban a estar clavados en mí ese día, queriendo direcciones, haciendo preguntas, incluso filmando mi respuesta, deseaba gritar: «Señor, ¿dónde está la red? ¡Por favor, sé tú mi red!».

Por último, diseñamos un plan para cubrir todas las bases. Jon y yo celebramos una pequeña reunión en la sala del condominio para hablar sobre nuestra estrategia con el grupo principal de siete voluntarias que nos acompañarían a casa ese día. El plan consistía en transportar todas nuestras pertenencias en la limousina mientras que todos los bebés y las voluntarias viajarían en otra camioneta de quince pasajeros, propiedad de un amigo, Jeff Brown, padre de quintillizos que vivía en el área. Él había venido con gentileza a nuestro rescate. Puesto que prometía ser un día largo y algunas voluntarias necesitarían volver con sus familias, teníamos un grupo de personas de respaldo yendo en otros cuatro vehículos para unirse a nuestra caravana. Sobre el papel, esto parecía ser una exageración, pero estando en medio de seis infantes con hambre en un ardiente día de julio, con seis meses de maletas llenas de ropa, para desempacar y varios camarógrafos pidiéndonos una sonrisa, pienso que usted estará de acuerdo en que era necesario tener personas que nos apoyaran. En su gracia, Dios había provisto mi red.

Amaneció el 19 de julio, con la humedad adhiriéndose sobre nosotros como una frazada mojada, mientras que por fin, todo se guardó en los vehículos y estuvimos listos para salir. Decidí sentarme en el asiento posterior de la camioneta para asegurarme de que podía tener a cada bebé frente a mí por si acaso alguno de ellos necesitara algo. Apoyé mi cabeza en el espaldar mientras me daba ánimos por centésima vez ese día. Cerrando los ojos por apenas un minuto, todavía podía ver las tarjetas que mi madre había colgado en todas las paredes del cuarto del hospital para consolarme y animarme. Mi favorita era la que tenía escrito Mateo 11:28, que dice: «Vengan a mí todos ustedes que están cansados y agobiados, y yo les daré descanso». No pensé que podía haber un versículo más apropiado para mi condición en ese momento. De lo que no me daba cuenta entonces era de que ese versículo resultaría teniendo un significado para mí que iba mucho más allá del mismo alumbramiento físico. Sí, finalmente podía ver mis pies, pero mi cabeza y mi corazón pesaban más que nunca, agobiados por las imponentes responsabilidades y las expectativas que nunca cederían.

El recorrido se hizo sin tropiezos hasta que tuve que sacar a Collin de su asiento de bebé a pocos minutos de nuestra casa. Su color pálido estaba asustándome, y sabía que él necesitaba que se le animara mediante el contacto y el movimiento. Al sacudirlo con suavidad para

10. No hay otro lugar como el hogar·

despertarlo, dimos la vuelta hacia nuestra calle suburbana normalmente quieta y casi no pude creer lo que veían mis ojos. Parecía como si el barrio estuviera llevando a cabo una fiesta de verano. Los vecinos se habían reunido en las calles y con entusiasmo tomaban fotografías y aplaudían conforme llegábamos a la casa. Los equipos de las cámaras de televisión habían acampado en nuestro patio del frente y a toda prisa se colocaron en posición. Pensé para mis adentros: «Pues bien, aquí vamos».

Apenas pasados cinco minutos después de que nos bajamos de las camionetas, tuvimos la primera controversia. El equipo de televisión, queriendo captar mi primera reacción ante las renovaciones, no quería que lleváramos a los bebés a la casa sino hasta después de que hubieran tenido la oportunidad de filmarnos solo a Jon y a mí entrando. Pues bien, eso era un problema. Como toda nueva mamá, yo no podía esperar para llevar a cada bebé a nuestra casa, dándole la bienvenida a cada uno y atesorando el recuerdo. Además de eso, era un día caluroso de verano y no me sentía bien sabiendo que mis recién nacidos estarían dentro de la camioneta, aunque la misma tenía aire acondicionado. Después de indicar con toda firmeza que los bebés en efecto entrarían en la casa, llegamos a un acuerdo aceptando la petición del equipo de que las voluntarias serían las que llevarían a los bebés cada uno a su cuarto. En realidad me entristeció tener que hacerme a un lado como espectadora mientras veía el desfile de asientos de bebé pasar frente a mí en dirección a un cuarto que ni siquiera podía imaginarme.

Se les dijo a las voluntarias que debían salir de nuevo rápidamente, de manera que pudiera empezar la filmación. Sacudí la cabeza pensando que había oído mal. ¿Podría en realidad esperarse que iba a permitir que mis seis infantes prematuros, dos todavía conectados a monitores, fueran dejados en un cuarto sin ninguna supervisión por quién sabe cuántas horas? Una vez más tuvimos un problema. Jon y yo nos mantuvimos firmes. Las voluntarias se quedarían o las cámaras tendrían que irse. Punto. Dándose cuenta de que no íbamos a dar nuestro brazo a torcer, el productor, a regañadientes, asintió levemente para indicar que estaba de acuerdo, pero insistió en que la puerta al dormitorio del piso superior permanecería cerrada de manera que nada de la remodelación fuera revelado demasiado temprano.

De pie, en los escalones al frente de mi casa, esperando la señal para que abriera la puerta, luché con las impetuosas olas de emoción al prepararme a cruzar el umbral de la casa que no había visto en meses. Cuando había salido para el hospital no tenía ni la menor idea de cómo serían nuestras vidas después que nacieran los bebés. Seis meses después, al entrar en nuestra nueva sala, una idea me golpeó: todavía ni siquiera sabía cómo serían nuestras vidas, de hoy en adelante. Todo era diferente, incluso nuestra casa.

Como estoy segura de que los presentes pueden atestiguar, no supe cómo reaccionar. Se me había dicho que estaban esperando esa «reacción de un millón de dólares». Pienso que les di algo que se parecería más a la visión de un venado sorprendido por los faros de un automóvil. Y entonces mis ojos se fijaron en una cosa en la habitación: colgando en la pared directamente frente a mí estaba una fotografía tomada justo después de que los bebés nacieron por un artista local y propietario de Willow Street Pictures. No podía apartar mis ojos de ese retra-

Nuestra primera caminata como familia (dos bebés en cada asiento del cochecito de tres puestos).

10. No hay otro lugar como el hogar·

to en blanco y negro. De alguna manera captaba el amor y la alegría que Jon y yo sentimos al mirar embelezados la abundancia de nuestras ocho asombrosas bendiciones. Sentí que una lágrima ardiente corría por mi mejilla al darme cuenta de que los diminutos dedos de la mano izquierda de Collin se desplegaban contra la camisa negra de su papá en la bien conocida posición de «te quiero» en el lenguaje de las señas.

Dándome cuenta de que el equipo todavía estaba conteniendo la respiración esperando mi reacción, pude finalmente darle una mirada al resto del cuarto. Habían pintado y redecorado la sala de forma hermosa, dándole un aire fresco, nuevo y moderno. También la cocina había sufrido cambios serios y se habían añadido mostradores y un espacio de almacenaje muy necesario. Como seis escalones hacia abajo, en el nivel inferior de nuestra casa, el garaje de dos autos había sido convertido en un dormitorio principal para nosotros los padres. ¡Me entusiasmó ver que había un juego real de dormitorio! Había sido algo que siempre había deseado, pero nunca pareció llegar al primer lugar de nuestra lista.

Luego, vino la sorpresa real. No habíamos hablado previamente de ningún cambio para el dormitorio de Mady y Cara o la sala cuna de los bebés, así que tenía algo de aprehensión cuando me condujeron al segundo piso. Nos detuvimos primero frente a la puerta cerrada de los bebés, a la izquierda de las escaleras. Me había imaginado un color apacible y relajante en las paredes, con las cunas bien acomodadas y todas sus ropitas dobladas como es debido, y en su lugar. Cuando se abrió la puerta, quedé estupefacta. Habían pintado el cuarto con lo que consideré eran colores primarios chillones y dibujos casi aterradoramente enormes de personajes de rondas infantiles. Las cunas estaban alineadas en hileras con una mesa de cambiar pañales entre una y otra, dejando solo un estrecho pasillo para caminar entre cada hilera. La habitación se veía tan chillona y atiborrada que ejemplificaba a la perfección la locura abrumadora y estruendosa de nuestra situación.

No pude evitarlo. Me eché a llorar. No pienso que gimotear histéricamente encajaría bien en la descripción de una «reacción de un millón de dólares». Simplemente, no podía imaginarme a mis diminutos bebés de como dos kilos de peso pasando del ambiente melindroso y calmado de la UCIN al de esta habitación opresiva, atiborrada, y demasiado estimulante, en la que me encontraba de pie.

Respirando hondo, traté de recuperar mi compostura con la esperanza de apaciguar unos cuantos sentimientos heridos. Sin embargo, al entrar en el dormitorio de Mady y Cara, ya no aguanté. Sentí que la sangre desaparecía de mi cara al entrar a una habitación que en un tiempo había estado cubierta de estampados color pastel suave, algo que pensaba que era muy apropiado para las gemelas de tres años. Ahora habían pintado el cuarto con anchas franjas violeta y enormes margaritas color naranja danzaban en las paredes. Repito, lo que me dolió fue que cuando había dejado mi casa mis niñas apenas estaban saliendo de los dos años. De repente, me sentí como si estuviera en un cuarto más apropiado para niñas que estuvieran llegando a la adolescencia. ¿Podría ser que me hubiera perdido tanto tiempo?

La cuestión que yacía en el fondo era que yo había llegado al límite de saturación en cuanto al cambio. No podía aguantar otra sorpresa. Siendo alguien que no puede esconder bien sus sentimientos, mi cara lo decía todo, y temí que daría la impresión de ser una malcriada mal agradecida. No se trataba tanto de que discrepara acerca de la selección de colores, sino de que estaba simplemente hastiada de los ajustes constantes. Solo quería gritar: «¡Deténganse!». No fue mi intención terminar el día con una nota amarga. Me doy cuenta de que muchas, muchas personas trabajaron largas horas para hacer algo que pensaban que haría más fácil mi transición. En realidad, la mayoría de los cambios hicieron posible que sobreviviéramos durante el año siguiente en esa casita en la calle bordeada de árboles en Wyomissing, y por eso estoy eternamente agradecida.

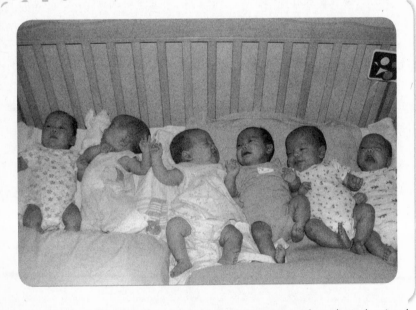

Alineación de los bebés a los tres meses. De izquierda a derecha: Leah, Aaden, Alexis, Hannah, Collin y Joel.

11 ¿Quiénes son todas estas personas?

Así que mi Dios les proveerá de todo lo que necesiten, conforme a las gloriosas riquezas que tiene en Cristo Jesús.

FILIPENSES 4:19

Nuestro primer día en casa como familia no había marchado exactamente de la forma que había esperado. Después de mi colapso nervioso, el equipo de camarógrafos se fue con rapidez, dejando comida, botellas de agua y tazas de café por todos lados. No hubo despedidas calurosas, y la tensión estaba alta entre Jon, su madre y yo.

Sabía que no había sido la imagen perfecta de la diplomacia, sin embargo, no podía sentir otra cosa que no fuera disgusto al mirar a unas pocas de las voluntarias limpiando en silencio la espesa capa de polvo de los cubiertos y platos de la cocina a fin de que pudiéramos cenar algo. Había dejado mi casa inmaculada, y quedé muy desencantada al no hallarla igual de limpia cuando volví.

Cosas pequeñas tal vez no deberían haber hecho que me derrumbara, como pasó el montón de artículos en desorden que cayó del clóset de los bebés la primera vez, cuando abrí las puertas, pero estas se vuelven monumentales en medio de tanto estrés.

Para las cuatro de la tarde las nuevas voluntarias,empezaron a llegar. La mayoría eran personas que habían respondido a una petición de ayuda que se hizo en el boletín de nuestra iglesia, o que de alguna manera se habían enterado de nuestra necesidad mediante los medios de comunicación o a través de los amigos. Para entonces, las mujeres que habían estado allí todo el día, todavía estaban haciendo funcionar la lavadora de platos en la cocina y esforzándose lo más que podían para ayudar a mantener el horario de los bebés y a Cara y a Mady hablando en un volumen respetable.

Noté como una especie de conducta territorial cuando las voluntarias con experiencia se vieron obligadas a entregarles la batuta a personas nuevas a las que nunca habían conocido. Eso no era tan fácil como suena. Tenía una rutina fija, la cual establecí con absoluta firmeza desde el principio. Empezaba en la puerta del frente. Todo voluntario o visitante, ya fuera que estuviera allí por dos minutos o dos horas, fuera amigo de toda la vida o un completo extraño, primero tenía que quitarse los zapatos y dejarlos en la puerta. Segundo, se esperaba que se dirigiera escaleras arriba hacia el pequeño baño rosado al extremo del corredor, más allá de la sala cuna, y se restregara muy bien las manos con jabón de la UCIN. La tercera parada sería de regreso al clóset junto a la puerta del frente en donde hallaría una variedad de batas de hospital limpias donde debía escoger una para ponérsela encima de su ropa. Prefería que se ataran el pelo largo hacia atrás y que no llevaran perfume fuerte. Sé que esto suena como un terror santo en la guerra contra los gérmenes. He sido blanco de todo tipo de insultos y me han criticado sin fin por ser como una sargento extremista y neurótica, pero no pido disculpas ni por un instante. Tenía una sola misión: proteger a mis frágiles bebés de la avalancha de potenciales amenazas a la salud que traían las veinte o veinticinco personas que llegaban todos los días.

Nana Joan con Hannah y Leah.

Establecimos un campamento base para los bebés en la sala, que estaba en el piso bajo de la casa. Un sofá grande de varias secciones estaba ubicado contra las paredes del cuarto, frente a un centro de entretenimiento. Bajamos una de las mesas para cambiar pañales de la sala cuna, así como una de las cunas, y las colocamos en la esquina más distante de la sala, junto a la puerta que llevaba hacia afuera. Mi meta era proveer un espacio de trabajo para las enfermeras durante la noche, de modo que no tuvieran que andar subiendo y bajando por las escaleras sin alfombra toda la noche para sacar y después colocar de nuevo a los bebés en sus cunas. Desde el punto de vista médico, no era seguro que ellos durmieran sin atención. Además, los seis bebés se sentían bastante contentos, y hasta se veían adorables, añadiría yo, al acurrucarse todos en fila en una sola cuna.

Como seis días después de que llegamos a casa, Joan, una mujer que había estado presente cuando Jon nació y lo cuidó mientras era niño, se presentó a nuestra puerta. Supe al instante al ver su cara sonriente y su apariencia fuerte y capaz que el sentir de su corazón era ser una ayudante. Le dio un vistazo a «la pequeña y encantadora Leah», como «nana Joan» más tarde la llamaría, y eso fue todo.

Joan se convirtió con rapidez en alguien indispensable a la hora de las comidas. Entraba en silencio por la puerta del frente, se quitaba los zapatos, y asomaba su cabeza por debajo de las escaleras atisbando hacia la sala familiar. «¿Hay un bebé para mí?», preguntaba. De buena gana se ofrecía para ser la valiente que animaría a la diminuta Leah a tomar cuatro onzas de leche en cada comida, lo cual requería una labor intensiva. El problema real no era que Leah no comiera, sino que Joan, por lo general, terminaba recibiendo todas esas cuatro onzas encima de la bata verde que ella hizo suya de entre las que estaban en el clóset. Leah sufría de varios problemas de reflujo ácido, y por consiguiente tenía vómitos como proyectiles después de la mayoría de las comidas. Eso no perturbó a Joan, ya que ella había tenido una hija con los mismos problemas. Sin ninguna ceremonia preparó lo que llegaríamos a conocer como «el rincón de Joan», que era una sección del sofá que había recubierto con sábanas para proteger los cojines lo más posible del inevitable ataque. Siempre tenía frente a ella un tazón amarillo que trajimos del hospital colocado sobre una pequeña mesa cuadrada de madera con un pedestal. El mismo estaba al alcance de Joan para que pudiera tomarlo cuando sabía que Leah lo necesitaría.

Los talentos de Joan no se limitaban a calmar a los bebés y limpiar el vómito. Se nombró a sí misma «la reina de las consignaciones».

11. ¿Quiénes son todas estas personas?

Debido a los paquetes y paquetes de artículos de vestir que nos hacía llegar toda persona que alguna vez había tenido un bebé, según parecía, pronto fue necesario hacer una selección cuidadosa o de lo contrario quedaríamos sepultados vivos bajo la montaña de vestidos enterizos o pijamas. Joan tomaba asiento y revisaba cada artículo de cada paquete, escogiendo con esmero aquellos que estaban en la mejor condición y eran de la talla correcta. Luego, reunía todos los artículos que no se necesitaban y los empacaba para llevarlos a los almacenes infantiles locales de segunda mano. Ella me convenció de que el dinero adicional era necesario, ya que Jon todavía estaba sin trabajo. Además, la gente que quería colaborar se alegraría de que la ropa, aunque no sirviera para los bebés, definitivamente nos hubiera ayudado de alguna manera.

Otra voluntaria, Beth, llegó a mi puerta un día para la comida de las cuatro de la tarde. A ella, como a tantas otras personas extrañas por completo, se le enseñó con rapidez la rutina básica. Beth titubeó por apenas un segundo y luego deslizó un sobre blanco sobre el mostrador de la cocina antes de dirigirse a sala familiar. Puesto que yo no tenía ni el tiempo ni el deseo de conversar o entablar una amistad con ella, o francamente con nadie, tan solo puse el sobre en mi montón de «algún día cuando tenga tiempo» que iba creciendo junto al teléfono. Mientras tanto, pasaron las semanas y Beth llegaba con regularidad para darle de comer a un bebé, y en ocasiones, en especial durante las comidas de la noche, teníamos tiempo para conversar y conocernos la una a la otra. Por fin, un día leí lo que estaba en el sobre. Al abrirlo, hallé una carta escrita a mano que explicaba quién era mi nueva amiga: una esposa dedicada, madre y creyente. Más importante todavía, fue refrescante leer que entendía lo extraño e incómodo que debía ser entregarles a mis bebés casi a cualquiera que entrara por mi puerta. Beth pronto llegó a ser mi mentora, mi sabia consejera y mi guía mientras recorría este camino al parecer sin esperanza y solitario.

Nuestra situación financiera empezaba a tornarse sombría. Jon de continuo buscaba oportunidades de trabajo, pero le decían que tenía demasiadas calificaciones o no tenía suficientes. Se sentía exhausto y frustrado, aunque pienso que lo más duro era estar rodeado en todo momento por un grupo de mujeres voluntarias que sin saberlo herían su ego masculino cada vez que le hacían la inevitable pregunta del día: «Y bien Jon, ¿ya hallaste trabajo?». Yo sentía un escalofrío cada vez que escuchaba esto, porque sabía que él se sentía como un fracasado que no podía proveer para su familia.

Una noche, simplemente se echó a llorar al ponerse su abrigo para ir a hacer algunos mandados. Cuando se cerró la puerta del frente, elevé una oración mientras permanecía sentada en el sofá dándole de comer a un bebé, pidiéndole a Dios que él volviera a casa, a nosotros, y que no se le ocurriera conducir tan lejos como pudiera. No tenía que preocuparme. Volvió esa noche, con los ojos enrojecidos por la falta de sueño y el llanto, y se dedicó de inmediato a la tarea, tomando a un bebé ya envuelto y acomodándolo con ternura para que se durmiera. Había decidido que aprovecharía la única oportunidad que tenía en ese momento de ganar algún dinero: solicitaría un puesto de auxiliar en el distrito escolar local.

Joan, que trabajaba en una secundaria, sabía que necesitaban sustitutos con bastante regularidad. Sin embargo, la pregunta candente era si en realidad valdrían la pena los escasos cincuenta dólares al día que Jon ganaría a cambio de la estabilidad proporcionada por el par adicional de manos capaces que él ofrecía en casa. En realidad esto era algo que había que considerar muy bien, pero él acudió cuando lo llamaron porque, a esas alturas, no se trataba solo de una cuestión de dinero. Este era un pequeño escape hacia la realidad, donde podía interactuar con personas diferentes. Siendo de un carácter extrovertido, eso era importante para Jon. Le impidió caer en la depresión.

Mientras tanto, yo tenía mis propias barreras que superar. Mis músculos, severamente atrofiados, todavía me hacían difícil desempeñar incluso las tareas diarias más rutinarias. Con todo, teniendo que preparar seis comidas al día, me convertí en una química alocada en la cocina, mezclando treinta y seis biberones todas y cada una de las mañanas. Me dirigía a tropezones a la estufa, todavía medio dormida, y llenaba dos gigantescas tasas de medida de Pyrex con agua fresca para hervir. Después que se enfriaban tomaba mi envase mezclador plástico de medio galón y lo sacudía, lo sacudía, y lo sacudía hasta que mis brazos se cansaban. Tenía que tener presente que Aaden, Collin y Hannah tomaban Isomil basado en soya, espesado con apenas una pizca de cereal de arroz; Alexis y Joel recibían la misma fórmula sin espesar; y Leah tomaba Alimentum, una fórmula basada en leche que era más fácil de digerir. Se me ocurrió un sistema de códigos de colores que me ayudaba a recordar de quién era cada biberón. El de Hannah era rosado; el de Leah, verde; el de Aaden, amarillo; el de Collin, azul; el de Joel, rojo, y el de Alexis, morado. Añadía toda la leche que me extraía del pecho ese día (dividiéndola en seis porciones de nuevo) y la vitamina infantil Poly-Vi-Sol en los biberones de las ocho de la noche, lo que hacía más fácil agregar algo de cereal de arroz puesto que la leche de pecho es mucho menos espesa que la fórmula. Además, insertaba un palillo de dientes en el chupón de cada biberón nocturno para permitir que la fórmula espesada pasara más fácil.

Biberones en un anaquel del refrigerador.

Desocupé todo un anaquel del refrigerador. Pegada debajo de cada hilera nítidamente alineada de biberones plásticos había una pequeña etiqueta adhesiva amarilla con la hora de cada comida y una flecha, evitando que se tomaran los biberones al azar y como consecuencia se trastornara mi sistema.

Una cosa que aprendí, y le recomiendo mucho a las madres de múltiples, es escoger biberones con forros desechables. Pueden costar un poco más, pero le ahorrará muchas citas a altas horas de la noche con los cepillos para biberones. A veces el tiempo es más valioso que el dinero en sí.

Varias semanas después de haber llegado a casa, algunas voluntarias observadoras se ofrecieron para hacerse cargo de mi tediosa tarea de preparar los biberones. Aunque en realidad eso fue tentador, lo cierto es que disfrutaba de mis tareas en la cocina en su mayor parte. Puesto que cocinar para mi familia es una pasión y a veces me proporciona gran placer, consideraba esos biberones como algo similar a una cena bien preparada. Me enorgullecía ir a la sala familiar llevando otro recipiente amarillo del hospital —que en realidad nos fueron bien útiles— lleno de biberones recién calentados. Alguien una vez dijo en son de broma: «Oigan muchachos, prepárense. ¡Aquí viene la Reina de la Leche!». Me daba alegría pensar que en realidad le estaba dedicando todo mi pensamiento y mi esfuerzo a los requerimientos dietéticos de cada bebé, y recorría un kilómetro adicional para asegurarme de que quedaran satisfechos todos los días.

No obstante, la confusión de biberones en realidad era la menor de mis preocupaciones. Con el dinero y los nervios estirados al máximo, me sentía cada vez más acorralada y vulnerable. Toda mi existencia se había convertido en una espada de dos filos. Por un lado, deseaba fervientemente hacer las cosas yo misma. Por otro, sabía que tenía que guardarme mi orgullo, pues estaba por completo a merced de la bondad de muchas personas a fin de sobrevivir. Me descubrí orando de una manera nueva y diferente. Siempre se me había enseñado a reverenciar a Dios, pero ahora había madurado hasta tener una relación más profunda y personal. Sentía como si tuviera un Padre celestial que suplía todas mis necesidades y escuchaba todo clamor de mi corazón. Casi podía sentir que el Señor me llevaba durante los momentos difíciles de una forma muy parecida a la del popular poema «Huellas en la arena».

En cierto punto, con todo el país dando tumbos por el drástico aumento del precio del petróleo, nuestros gastos mensuales por la calefacción de nuestra casita en realidad se triplicaron. Así que nos vimos obligados a mantener la temperatura de la casa extremadamente baja. Tan baja, en verdad, que acostábamos a dormir a nuestros recién nacidos con vestidos enterizos, pijamas de franela, calcetines, pantuflas, chalecos e incluso gorritos. Una vez más, lo único que podía hacer era orar.

11. ¿Quiénes son todas estas personas?

Algunas de esas oraciones fueron contestadas en la forma de donativos generosos que continuaban llegando. Además de muchos artículos como seis cunas, dos cochecitos de tres puestos y seis asientos Graco de bebé, tan solo para mencionar unos pocos, hubo otros… como cinco mil dólares en tarjetas de regalo y un año de provisión de pañales donados por los supermercados Giant. Nuestro supermercado local incluso colgó un precioso letrero con el dibujo de una cigüeña en uno de los lugares de estacionamiento más cercanos de su lote que decía: «Reservado para los polluelos Gosselin». Además, Lucky Leaf y Museelman's Corporation

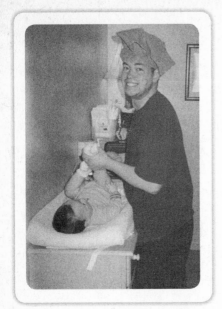

Papá en la mesa para cambiar pañales, con el pantalón de Alexis en su cabeza, para no perderlo.

donaron una provisión vitalicia de compota y jugo de manzana.

Algunas empresas más pequeñas también tomaron parte en la iniciativa. En septiembre, recibí una llamada de Bob, mi agente de seguros de la empresa AllState, que también era padre de seis hijos. Se preguntaba si podríamos ponernos de acuerdo para reunirnos, porque tenía algo que quería entregarnos. Resultó ser un cheque por mil quinientos dólares, seis cobijitas blancas suaves, un donativo monetario en nuestro nombre a la casa Ronald McDonald y una promesa. La promesa era que él haría su mayor esfuerzo para lograr que no nos cobraran durante un año completo nuestra póliza de seguro del vehículo, eliminando así este gasto de nuestro creciente montón de cuentas. Le llevó varios meses, pero las facturas en efecto dejaron de venir.

Cada vez que sentía como si fuera a derrumbarme por la presión de las facturas que se acumulaban, parecía como si Dios colocara de manera estratégica a alguien en mi camino para recordarme que él estaba allí. Había una empresa en Harrisburg, Pennsylvania, llamada C. J. Pony Parts, una distribuidora de repuestos para Ford Mustang. Cada vez que pasamos por ese almacén, Jon y yo solíamos reírnos mucho y hacer comentarios como: «¿Quién va a querer comprar repuestos para caballitos en miniatura?». Nos sorprendimos un día ya avanzado el invierno al recibir una tarjeta de Navidad de ese mismo lugar, la cual contenía un certificado de regalo de quinientos dólares para el supermercado Target y otro certificado de quinientos dólares para el supermercado Giant.

Hubo personas generosas, como una familia de la iglesia de mi hermana Kendra, a quienes nunca había visto, que nos enviaron un cheque por seiscientos dólares. Caí de rodillas llorando cuando lo abrí, puesto que ese cheque pagó nuestra hipoteca hasta que Jon al fin pudo conseguir trabajo.

Un grupo de mujeres del lugar donde trabajaba uno de mis primos decidió organizar una lluvia de regalos para los bebés y para mí. Una voluntaria llamada Rita dejaba fielmente un billete de cincuenta dólares en el cuaderno del horario que yo mantenía abierto sobre el mostrador de la cocina para que las voluntarias lo firmaran. Ella sabía que nuestras necesidades eran grandes, según dijo, y tan solo quería ayudar. Así como la persona que un domingo por la mañana dejó un sobre en blanco en una mesita de mi sala. Lo abrí, y de nuevo lloré al ver que tenía quinientos dólares dentro.

Nana Janet y Alexis.

Nunca supe quién dejó ese dinero, aunque le pregunté a casi todos los que vinieron a la semana siguiente. Parecía que nadie lo sabía, pero yo sí: fue otro ángel enviado por Dios para mostrarme su amor. Sabía que no merecía su gracia o su misericordia, sin embargo, él me la daba incondicionalmente de todas maneras. Yo guardaba esos momentos, al principio incapaz de escudriñar los motivos de Dios. Conforme he tenido más tiempo para asimilarlo todo, me doy cuenta de que Dios estaba

11. ¿Quiénes son todas estas personas?

mostrándome un cuadro de lo que él quería que yo llegara a ser. Debido a que me crié en una atmósfera de escasez financiera, mis mayores temores eran que nunca tuviera lo suficiente. Sin embargo, Dios estaba lentamente borrando esos temores y llevándome a descubrir no solo que para vivir no necesitaba tanto como una vez pensaba, sino que él en verdad nunca dejaría de suplir mis necesidades. Si solamente confiaba en Dios, él me daría más satisfacción de la que yo jamás hubiera soñado. ¡Vaya!

Con ese pensamiento en mente, quisiera aprovechar esta oportunidad para agradecerles personalmente a todos y cada uno de ustedes —y ustedes saben quiénes son— por cada obsequio y donativo que en algún momento le dieron a mi familia. Ya sea que se tratara de una comida que prepararon, ropas preciosas, una sonrisa para Mady y Cara, dinero en cualquier cantidad, un trabajo en nuestra casa, provisiones para los bebés, o lo más precioso de todo en estos días, su tiempo, Jon y yo les agradecemos desde lo más profundo de nuestros corazones. Muchas notas de gratitud jamás pasaron de mi lista al buzón; no fue por falta de aprecio, sino tan solo por falta de tiempo. ¡Que ustedes sean bendecidos cien veces más por su generosidad!

En septiembre, Cary y Mady se sintieron muy entusiasmadas al asistir al jardín de infantes. De alguna manera, durante un momento lúcido en marzo, me percaté de que ellas necesitarían la interacción y el estar algún tiempo fuera de casa para cuando llegara el otoño. Llamé por teléfono a la directora del Lakeside Early Learning Center y me informó que había apenas dos lugares vacantes. Vacilando apenas por un momento, sin saber a ciencia cierta de qué manera íbamos a poder pagar el precio del jardín de infantes para dos, di un paso de fe y dije: «¡Los tomamos!». Al explicarle mi situación a la directora, decidimos reducir la asistencia de las niñas de tres días a la semana a solo dos días, lo cual aliviaría en algo la tensión financiera mientras que a la vez permitiría que las niñas aprovecharan los muchos beneficios de la educación preescolar.

Meses más tarde, cuando llevaba a las niñas al jardín de infantes un día, pude ver que la decisión de destinar para esto ciento cincuenta dólares al mes de nuestro diminuto presupuesto bien valía la pena. Las niñas habían estado literalmente saltando y brincando por todo el condominio, y después en la casa, durante meses sin fin. Todos estábamos algo más que agotados, así que enviarlas al jardín infantil para que recibieran estímulos y superaran retos fue bueno para todos.

Decidí que quería ser yo la que las llevara a clases dos veces a la semana por la mañana. Sentía que por lo menos tenía que hacer una cosa de «mamá normal» para ellas, e igual de importante, esto nos daba a nosotras tres unos pocos minutos para estar a solas. Fue necesaria una gigantesca cantidad de planificación, ya que tenía que cerciorarme de tener todos los biberones listos y esperando para cuando las voluntarias se presentaban a ayudar a Jon con la comida de la mañana.

A las niñas les encantó su experiencia preescolar, aunque la misma también hizo que me diera cuenta de cuán diferentes eran nuestras vidas comparadas con las de otras familias. «Te olvidaste de mandarnos el almuerzo de nuevo como lo hicieron las demás mamás», me recordó Mady, dramáticamente un día. Sabía que había muchas maneras en que yo no era «como todas las demás mamás», y los almuerzos escolares no serían lo único que no aparecería en mi lista algunos días. Tenía que lidiar con esos menores desencantos así como también enseñar a Mady y a Cara a que hicieran lo mismo.

Me sorprendí por lo incómoda que me sentía al estar en el corredor con todas las demás mamás. Observaba con añoranza a una joven mamá cargando un asiento de bebé con un pequeño dormido, o a otra madre que conversaba con su hijo de dos años enroscándose alrededor de sus piernas, agarrando con fuerza su frazada favorita y chupándose el pulgar. Me pregunté si alguna vez iba a tener la oportunidad, el tiempo, para hacer incluso las cosas cotidianas más comunes de las mamás.

Ni siquiera podía hablar de mis bebés mientras otras mamás contaban cosas divertidas y daban consejos maternales. Cada vez que mencionaba que Mady y Cara no eran mis únicas hijas, sino que en realidad tenía a otros seis infantes esperándome en casa, seguía un silencio mortal. Todos los ojos se volvían hacia mí y se abrían las compuertas.

11. ¿Quiénes son todas estas personas?

De inmediato me bombardeaban con una pregunta tras otra, con expresiones de incredulidad y estupefacción. Me sentía como el espectáculo estrafalario en la feria municipal. Sin embargo, a veces era una especie de alivio revelarlo todo y admitir, que en verdad, mi casa estaba llena hasta rebosar de milagros vivos y que respiraban.

En octubre, conforme las hojas empezaban a cambiar de color, los bebés también fueron cambiando. Ya no era necesario envolverlos tanto como antes para que se sintieran bien. Aunque tenían seis meses, parecían más como de tres, y el mundo apenas empezaba a parecerles interesante. Cara y Mady eran unas diminutas ayudantes muy capaces, distinguiendo el llanto de cada bebé y repitiendo con orgullo cada nombre en un rápido repaso para las voluntarias siempre que lo preguntaban.

Mientras que a las niñas les encantaba ir de una voluntaria a otra, contándoles cosas, entonando cantos, y por lo general, disfrutando de la atención, a menudo yo sentía lastima por ellas. Algunos días, simplemente, se golpeaban contra una pared. Estaban acostumbradas a ser las estrellas de la función, el amor de nuestras vidas y las princesas en todo aspecto. ¿Cómo no iban a sentirse como extras en un escenario atiborrado donde de continuo las hacían a un lado debido a los nuevos coprotagonistas? Mady se enojaba y se portaba mal, rezongando y dando contra el piso con uno de sus pequeños pies, en tanto que Cara dejaba traslucir la tristeza en sus ojos cuando, inevitablemente, tenía que esperar su turno para algo.

En un decidido esfuerzo por buscar una tarde para que Mady y Cara se sintieran llenas de orgullo al estar bajo los reflectores, decidí preparar una fiesta para su cuarto cumpleaños en el patio posterior. Las fiestas de cumpleaños eran una gran tradición en nuestra casa. En ese tiempo estaban encantadas con el personaje de Pastel de Fresas [Strawberry Shortcake], así que me sentí muy entusiasmada al ordenar un pastel de cumpleaños especial que se pareciera justamente al sombrero de paja del personaje. Hubo globos, juegos y serpentinas, pero lo más importante fue la notoria ausencia de biberones, pañales y llantos. Hice arreglos a propósito para que Jon llevara a todos los bebés a la casa de Joan y Terry con varias voluntarias para pasar la tarde. Empacar todas las cosas, preparar la comida y tratar de añadir unos pocos toques festivos básicamente exigió tanto o más planificación y esfuerzo que el viaje a Disney World el año anterior, el que ya parecía haber tenido lugar hacía mucho tiempo. Se trataba de una etapa en nuestras vidas cuando incluso, tomar una ducha, era un logro gigantesco; sencillamente, no había horas suficientes en el día para hacerlo todo. Sé que algunos piensan que fue absurdo celebrar una fiesta dada la condición de nuestras vidas en ese momento, pero las sonrisas en las caras de Mady y Cara esa tarde nos decían que habíamos hecho una inversión sabia. Por unas pocas horas mostraron su posición de hermanas mayores y corrieron por todas partes sobre la hierba con el divertido abandono de sus cuatro años.

Conforme el mundo de los bebés se ampliaba, el nuestro parecía hacerse cada vez más y más pequeño. Jon y yo nos sentíamos aislados, aunque estábamos expuestos y en exhibición pública. Era humillante tener conversaciones muy personales, en especial, con respecto a nuestra situación monetaria, la falta de empleo de Jon, la disciplina de las niñas, e incluso, las pruebas y sentimientos personales, delante de cualquiera que nos estuviera ayudando con los bebés en algún momento dado. Muchas veces estallaba contra Jon, haciéndole blanco de los dardos de toda mi cólera, temor y frustración. Nuestros cinco años de matrimonio parecían como una delgada capa de hielo sobre un lago congelado. Incluso los desacuerdos menores parecían causar grietas serias en el hielo, y temía que uno de los dos fuera a caerse un día y se ahogara.

Sintiéndome derrotada y abrumada, contesté el teléfono una mañana para recibir una llamada de una antigua amiga de la escuela de enfermería. Me telefoneaba para informarme que Melissa, mi mejor amiga y compañera de habitación en la escuela de enfermería, había fallecido esa tarde en un accidente automovilístico. Mi mente gritó y dio vueltas mientras luchaba al oír las frases «no llevaba puesto su cinturón de seguridad» y «su hijo de diecinueve meses fue hallado ileso sujeto en su asiento de bebé». Me derrumbé por completo. Melissa era una amiga dulce y sensible, y también madre, así que no pude asimilar la cruel realidad de su muerte prematura. Había estado lamentándome por mi situación en verdad bendecida cuando su querida familia estaba viviendo la pesadilla máxima. Bajé a tropezones las escaleras cegada por las lágrimas para buscar a Jon, mi esposo, mi voz de consuelo, mi torre fiel de fortaleza. Nosotros dos algunas veces bien podríamos haber luchado como dos viejos rivales gruñones, pero cuando todo lo superfluo se eliminaba, siempre nos hallábamos el uno junto al otro, dedicados y comprometidos.

Cara y Mady con su torta en forma de sombrero al cumplir los cuatro años.

El día del funeral de Melissa, Jon y yo dejamos a los ocho niños al cuidado de las voluntarias. Había empapelado la cocina y la sala familiar con etiquetas que les recordaran casi todo, desde lavarse las manos hasta cuáles biberones dar primero durante la noche. Con ojos enrojecidos y corazones abrumados, cerramos nuestra puerta del frente escuchando el coro ensordecedor de niños con hambre y llorando. Nuestra primera «salida nocturna» no se parecía en nada a lo que nos habíamos imaginado. Sentíamos como si apenas pudiéramos caminar debido al peso de la aflicción y el dolor, mezclados con mi propio mundo oscuro y lleno de emociones complejas.

La muerte de Melissa fue como un balde de agua fría que alguien hubiera echado sobre las primeras chispas de mi vida reinventada, las que había estado tratando con desesperación de soplar para avivar la llama. La tristeza me agobiaba, cegando mi visión y ensombreciendo mi perspectiva. Como sucede a menudo, la tristeza mezclada con el conflicto de la vida cotidiana se derramó en una frase: «¿Por qué a mí?». Antes de que lo supiera, estaba revolcándome hundida hasta el cuello en la autocompasión. Me sentí culpable por tener esos sentimientos, pues me daba cuenta de que todo era relativo. ¿Cómo podía siquiera comparar mis pruebas diarias con el agujero que se había abierto en el corazón de la familia de Melissa? ¿No era eso lo que siempre yo había querido: ser una mamá que se quedaba en casa, tener mis tres hijos, platos y ropa que lavar, y mucho ruido? ¿Qué importaba si había recibido mucho más de lo que quería? Se suponía que estaba haciendo realidad mi sueño, ¿verdad?

Con todo, una mañana luchaba contra la depresión mientras todavía en la cama, oyendo a las voluntarias que estaban en la sala familiar, quería simplemente enterrar mi cabeza en la almohada y nunca levantarme. Podía oír fragmentos de su conversación, cosas de todos los días, como el nuevo restaurante que habían visitado, la muy esperada boda de una sobrina: «¡Ah, tengo que ir a que me arreglen las uñas de los pies!», y las exclamaciones de asombro por un nuevo peinado.

Me pregunté a mí misma: «¿No puede nadie ver que estoy sangrando aquí?». Me sentía como si fuera una víctima de disparos que yacía en un charco de sangre en el piso de la sala de emergencia mientras todos corrían para atender a alguien con una cortadita en un dedo. Me enfadé mucho al escuchar la charla insulsa; en ese momento todo me parecía muy superficial. Lo sé, lo sé. Usted está preguntándose si acaso pensaba que todo el mundo debía detenerse porque yo tuviera seis bebés y dos preescolares. La respuesta es no. Lo que pensaba era que *mi* mundo se había detenido. Ahora sé que ese no era el caso para nada. En realidad, mi vida estaba apenas empezando. No obstante, en ese momento sentía que aunque tuviéramos cunas, asientos de bebé, una bonita pintura nueva, cómodas, comida, el respaldo financiero de muchos —y eso para no mencionar a ocho hijos sanos y felices— nunca volveríamos a ser «normales».

Con mi actitud cortante y agria no ganaba ninguna amiga en el círculo de las voluntarias. Unas pocas fueron lo suficiente perspicaces como para sumar la caída hormonal, la falta de sueño, la responsabilidad agotadora e interminable, la pérdida de mi querida amiga y la

11. ¿Quiénes son todas estas personas?

preocupación con relación a la creciente montaña de cuentas sin pagar para explicar mi mal talante; pero la mayoría de ellas solo me miraban con recelo mientras pasaban con rapidez junto a mi lugar en el mostrador de la cocina dirigiéndose a la sala familiar. Mientras preparaba biberones y comidas para Mady y Cara, las lágrimas corrían por mi rostro. Nunca antes me había dado cuenta de que era posible que me sintiera muy sola en medio de tantas personas.

Empecé a sentirme como una extraña en mi propia casa cuando se formaban pequeños círculos sociales entre algunas de las voluntarias. Noté que en realidad algunas mujeres se quedaban largo rato después que el bebé al que habían estado dándole de comer se dormía y podían ponerlo en la cuna. Hablaban de sus varios puntos de vista sobre todo, desde la gran venta en el almacén Boscov hasta quién tenía calambres esa semana, o cómo conseguir que el bendito esposo recogiera su ropa sucia. A menudo me quedaba sentada con la mirada perdida, tratando de recordar cuándo en realidad yo había pensado que alguno de esos temas mereciera tanta conversación. Por lo general estaba demasiado cansada como para comentar.

Me encantaba el tiempo en la noche cuando en realidad podía sentarme y tomar en mis brazos con cariño a uno de mis bebés, en lugar de mirar el reloj y tener la necesidad de pasar al siguiente quehacer. A menudo era el único momento del día en que podía observar y apreciar las cosas pequeñas de mis bebés. No me sorprendió nada que Collin, el más grande de todos, se dedicara a su comida, siendo siempre el primero en tomarse hasta la última gota. Mientras tanto, Aaden, protestando e inquieto, a veces también se tomaba hasta la última gota. Alexis, contenta con las primeras pocas onzas, hallaba simplemente difícil molestarse con el resto, y pronto se quedaba dormida.

Por lo general, llegó a ser tarea de la «nana». Janet animar a la pequeña Alexis. Janet trajo mucha risa y travesuras al grupo relativamente tranquilo. Jon y yo concordamos en que la forma alocada y la alegría sin límites de Janet tenían que contagiársele a Alexis durante todas esas horas en que pasaron juntas con los biberones. Alexis es ahora una Janet en miniatura de muchas maneras: extrovertida, risueña, cariñosa, y capaz de darle vida a cualquier fiesta.

Cuando el último de los bebés terminaba su biberón de la noche, Jon tomaba en silencio cada envoltorio cálido y soñoliento de los brazos de la voluntaria, luego venía hasta mí y me acercaba una mejillita suave y húmeda para que le diera el beso de las buenas noches. Eran esos momentos en los que podía ver la expresión angelical de un bebé bien comido, con un pañal recién cambiado y contento los que me permitían mantener mi cordura.

En ese tiempo, teníamos tres cunas consumiendo todo el espacio disponible en nuestro pequeño dormitorio: dos estaban junto a la cómoda, debajo de la ventana, y una al otro lado del cuarto justo, cerca de la puerta. Era importante para mí tener a los bebés cerca de manera que pudiera oír su respiración suave cuando me derrumbaba en la cama, por lo general a las diez y media todas las noches. Más tarde en la oscuridad, cuando ellos se despertaban para su comida de la medianoche, oía a una de las enfermeras entrar de puntillas y tomar de su cuna a un bebé que lloraba. El cuarto gradualmente se quedaba más tranquilo conforme a uno por uno, les daban de comer a los seis y luego los volvían a poner a dormir en la sala familiar. Con la rotación final del día concluida, por fin me quedaba dormida profundamente durante las pocas horas restantes de la noche.

Jon, por otro lado, preocupado por la gente que andaba por toda la casa y cuidaba a nuestros bebés, todavía tenía el hábito de quedarse despierto y ayudar a las enfermeras para asegurarse de que se atendiera a cada uno de ellos. A veces pensaba que él se había acostumbrado tanto a llevar el peso del mundo sobre sus hombros, que ni siquiera sabía cómo detenerse. Conforme los meses sin un cheque de pago pasaban, me preocupaba cada vez más y más por él. La gente comentaba lo agotado que se veía; sus ojos estaban enrojecidos, su pelo se encontraba revuelto de una forma nada característica en él, no se rasuraba, y su pantalón deportivo era su uniforme.

Ese no era el Jon que yo conocía. De manera habitual él se preocupaba mucho de que su ropa quedara bien planchada, su rostro estuviera

11. ¿Quiénes son todas estas personas?

afeitado y su cabello muy bien peinado. Ahora, a veces tan solo se quedaba sentado con la mirada perdida mientras tenía en sus brazos a dos bebés inquietos o permanecía inclinado ante su computadora llenando incontables solicitudes de empleo. Yo lo necesitaba, y verlo derrumbarse hasta el suelo era como observar a un auto de carreras a toda velocidad a punto de patinar fuera de control. Y la peor parte era que estábamos juntos en ese auto imaginario; si él se estrellaba y se incendiaba, lo mismo pasaría con el resto de nosotros. Sabía que nadie sentía esa presión de un modo más agudo que Jon. Lo amaba por cada minuto en que él se las arreglaba para mantener todo marchando por el bien de nuestra familia.

En noviembre, recibimos otro duro golpe. El padre de Jon había estado padeciendo del corazón durante algún tiempo. Sufría de diabetes y su salud se había deteriorado de manera significativa desde el nacimiento de los bebés. Aunque todavía se las arreglaba para trabajar en su consultorio de odontología pediátrica, las visitas frecuentes al hospital se hicieron la norma.

Cuando nos notificaron que lo habían llevado al hospital otra vez, pienso que nos negamos a aceptar el hecho de que su salud hubiera ido de mal en peor. El papá de Jon, Poppy, como las niñas lo conocían, era una parte integral de nuestra vida cotidiana. Pasaba a visitarnos a diario, trayendo siempre una pequeña sorpresa mientras Mady y Cara danzaban alrededor de él con sus manitas extendidas en expectación. Por lo general era algo tan sencillo como unas pocas monedas de su bolsillo para sus alcancías, pero se las daba con una bondad y un afecto tan genuinos que siempre lograba que las caras de las niñas se iluminaran con el cariño que sentían por su Poppy. Bastaba darle una mirada a la sonrisa en la cara de Poppy para que incluso personas extrañas pudieran ver que el sentimiento era mutuo. Su gran papel en la vida era el de ser un buen abuelo.

Cuando los bebés nacieron, él puso con orgullo fotografías y recortes de los periódicos en su consultorio para que todos los vieran.

Sintió un renovado vigor, y a mí me gustaba pensar que en un tiempo de su vida en el que cada respiración se convirtió en una batalla duramente ganada, nuestros diminutos milagros venciendo sus propias batallas le daban fuerza. Muchas veces sonreía con ternura al mirar por todos lados a nuestra atareada tripulación. El insaciable amor y orgullo que se veía en sus ojos cuando estaba con nuestros hijos era una verdadera bendición para nosotros, y esto nos daba fuerzas, sabiendo que él siempre estaba allí para ofrecernos cualquier cosa que pudiera ayudarnos.

Cuando llevaron a Poppy a la unidad de cuidados intensivos, Jon y yo nos pusimos nerviosos. Nos habíamos acostumbrado a un patrón de hospitalizaciones seguidas de un período de recuperación, y luego de regreso al trabajo en forma usual. No obstante, empezamos a darnos cuenta de que a la larga todo alguna vez no iba a terminar tan bien. Ese día, antes de que pudiéramos ir al hospital, llamamos a varias voluntarias que habían llegado a ser nuestro grupo de apoyo, un grupo que trabajaba bien como equipo y podía atender casi cualquier eventualidad de una manera confiable. Ellas vinieron para cuidar a los niños, y después de que les explicamos la situación, nos empujaron hacia la puerta para que fuéramos a tener una muy necesaria conversación privada con el papá de Jon.

Siendo cristianos, creíamos que al recibir a Cristo como nuestro Salvador personal teníamos la seguridad de pasar la eternidad con él en el cielo. Queríamos y necesitábamos saber que el papá de Jon tenía esa paz. Los tres hablamos con sinceridad y libertad durante algún tiempo esa noche, y para el final de la visita, de alguna manera me sentí consolada al comprobar que su corazón, aunque en precaria condición física, estaba fortaleciéndose cada vez más en lo espiritual. A pesar de que se le diagnosticó un fallo cardíaco congestivo y neumonía, Poppy se recuperó de nuevo, le dieron el alta del hospital, e incluso volvió a su consultorio de dentista a tiempo parcial.

Nosotros, mientras tanto, seguíamos avanzando con empeño, suplicando cada día que Jon pudiera conseguir un empleo. Yo vacilaba entre confiar por completo en que Dios con certeza tenía un plan, y la cólera, el temor y la desesperanza. Los coincidentes altibajos en la vida del papá de Jon y las nuestras eran una montaña rusa compartida en la que ninguno de nosotros quería estar.

La tarde antes del Día de Acción de Gracias, justo después de los biberones de las cuatro, vi a tres personas de pie ante nuestra puerta cuando pasé por la ventana del frente. Curiosa, abrí la puerta y hallé a cuatro de los antiguos colegas del papá de Jon a punto de tocar el timbre. Con una mirada que parecía pedir disculpas, explicaron que no habían querido perturbarme, pero que deseaban entregarme algo. Los invité a que vieran a los bebés, los cuales estaban teniendo uno de esos raros, tranquilos, y de alguna manera, bajo control momentos de juego. Con los estómagos llenos y felices, todos se encontraban bien fuera en sus asientos rebotadores o retozando sobre unas frazadas colocadas en el piso. Contuve una risita al ver la mirada perpleja en las caras de mis visitantes mientras permanecían en las escaleras inclinando con torpeza el cuerpo para mirar hacia la habitación. Podía decir que era una escena singular la que ellos estaban viendo; un montón de deditos de manos y pies que se movían, y encima los ruidos que hacían los bebés y el cascabeleo de los sonajeros y los juguetes de colores. Quise decirles: «Así es, lo sé. Abrumador».

La visita fue breve, y de nuevo término en lágrimas de gratitud al cerrar la puerta del frente. No podía creerlo. Apenas unas pocas semanas antes de Navidad, tenía en mis manos el más atento regalo en dos partes. La primera, un disco compacto de Celine Dion titulado *Miracles* [Milagros], el cual tenía en la cubierta un conmovedor retrato del bebé más diminuto sostenido en un tierno abrazo. La segunda, un cheque por mil quinientos dólares. Cuando miré el cheque con una expresión de cuestionamiento, los colegas de Poppy comenzaron a explicar con rapidez que tan solo querían hacer lo que pudieran para ayudarnos. Me sentí muy conmovida.

Debo admitir que incluso diez minutos antes de que ellos llegaran a mi puerta, no me encontraba con el humor adecuado para un día de Acción de Gracias. Mi más grande preocupación era lograr doblar mi tercera carga de ropa lavada y empezar a preparar todo para la hora de dormir. Una vez más, mientras yo estaba ensimismada en el momento, Dios, por otro lado, estaba cuidando los detalles de mi futuro.

No pienso que mis visitantes pudieran posiblemente haber entendido lo que su regalo significaba para nosotros. El dinero nos permitiría pagar nuestras facturas ese mes y tal vez incluso comprar algunos regalos pequeños de Navidad para las niñas. También tocó nuestro corazón que algunas personas apreciaran al papá de Jon lo suficiente como para extenderse a su familia; esto era un tributo al carácter generoso de Poppy.

Una helada noche de diciembre, me fui a la tienda Target de la localidad armada con varias tarjetas de regalo que habíamos recibido. Me entusiasmó la aventura de salir de casa sola. Aunque los bebés habían estado en nuestro hogar durante muchas semanas —ya tenían siete meses para entonces— no había salido sola ni siquiera una vez, y ciertamente no por la noche. Me sentí libre y sin embargo, intranquila. Todo parecía muy diferente cuando me aventuré hacia la carretera. En realidad, todo *era* diferente. No habiendo leído ni un periódico ni incluso escuchado los noticieros locales durante meses, ni siquiera tenía conocimiento de que un proyecto importante de construcción de carreteras, que incluía un nuevo paso a desnivel, había quedado terminado desde la última vez que conduje por ese sector particular de la vía. Estaba apenas a cinco minutos de mi casa y aun así me encontré perdida por completo. Sentí que la oscuridad me envolvía mientras que a la luz de los faros de mi auto buscaba ansiosamente en los nuevos letreros verdes del tráfico algo que me resultara familiar.

De repente deseé haberles prestado más atención a varias conversaciones que las voluntarias habían tenido con respecto a todos los cambios recientes. Sencillamente, no podía pensar. Sentí en realidad lo mismo que deben sentir los soldados cuando se les entrena para la batalla privándoles del sueño durante largos períodos de tiempo y luego se les pide que hagan lo que parece ser una tarea sencilla. Estaba perdida por completo a menos de tres kilómetros de casa. Por último, llamé a casa a regañadientes y se lo conté a Jon, que casi se convenció de que yo había perdido para siempre la razón, al punto de necesitar direcciones para ir a una tienda en la que había estado tal vez un centenar de veces antes.

Conforme la Navidad se acercaba, conteníamos la respiración mientras Jon esperaba una respuesta en cuanto a un trabajo en Harrisburg, Pennsylvania, como analista IT para la oficina del gobernador Rendell. Después de llenar posiblemente un centenar de diferentes solicitudes, la búsqueda de empleo parecía infructuosa... hasta el día en que Jon recibió una llamada telefónica del senador O'Pake. El senador había escuchado acerca de nuestra situación y preguntó si había alguna manera en que pudiera hacer algo para ayudarnos. Cuando Jon le contó sobre su frustrante búsqueda de trabajo y su más reciente solicitud, el senador le aseguró a Jon que personalmente llevaría la solicitud a la capital para evitar toda demora en la respuesta.

Gracias a él, Jon colgó el teléfono con una nueva dosis de confianza. Después de escuchar durante meses que o bien tenía demasiadas calificaciones o no tenía las suficientes, sabía que estaba perfectamente calificado para esta última búsqueda. Incluso tenía su credencial MCSE, como ingeniero de sistemas certificado por Microsoft. Felizmente él había tenido la persistencia necesaria para tomar ese curso de seis meses durante dos noches a la semana cuando las niñas tenían dos años. Así que esperaba que los nuevos conocimientos adquiridos le dieran una ventaja.

Jon y yo disfrutábamos todas las noches de la más inspiradora y estimulante de las experiencias mientras caminábamos de un lado para el otro en la quietud que experimentábamos después de la última comida. Al poner a lavar el último montón de ropa y pasar a las tareas de la cocina, preparando la fórmula, los biberones y las listas para el día siguiente, notaba las cosas pequeñas que habían aparecido en mi cocina durante el ajetreado día... cosas como una caja nueva de biberones Playtex sobre el mostrador. Una voluntaria los había colocado allí dándose cuenta de que los que teníamos ya estaban por acabarse. A veces había una bandeja de galletas hechas en casa u otra golosina especial envuelta con cuidado y esperando que la descubriera.

Entonces veía a Jon parado cerca del árbol de Navidad simplemente meneando su cabeza. Cada día más y más pequeños regalos aparecían debajo de ese arbolito sin que jamás supiéramos cómo habían llegado hasta allí, sin que jamás se dijera ni una sola palabra. Me sentía bendecida y humilde al ver que Dios estaba usando a tantas personas para hacer de esa Navidad una de las más memorables para mi familia. Sabía que él estaba cuidando de todas nuestras necesidades día tras día. Todavía no sé quién trajo la mayoría de esos regalos, pero se los agradezco a todos ustedes, y quiero que sepan que mis hijos oirán de los milagros de esa Navidad cada año conforme recordemos la generosidad de tantas personas cariñosas que tocaron nuestras vidas.

Fue poco tiempo más tarde cuando recibimos el mejor regalo de Navidad de todos: Jon fue aceptado para trabajar en la capital del estado. Le ofrecieron el cargo y empezaría en su nuevo empleo poco después de Año Nuevo. Tal vez, simplemente tal vez, estábamos en camino de establecer algún tipo de rutina. Quizás de alguna manera podríamos recuperarnos desde el punto de vista financiero y recobrar por lo menos alguna estabilidad y seguridad. Jon se despertó a la mañana siguiente con una nueva confianza, una esperanza y una visión renovadas. Era como si toda la casa hubiera recibido una inyección de adrenalina.

No obstante, la inyección de adrenalina no duró mucho; a fines de diciembre mi suegro de nuevo empeoró. Lo llevaron al Hershey Medical Center y las noticias del cardiólogo fueron desalentadoras: harían todo lo que pudieran, pero el triste fin era inminente.

Afligirse por el sufrimiento de un ser querido es difícil en el mejor de los casos, pero el no poder entender lo que está sucediendo lo hace aun más angustioso. Sentí que tenía la responsabilidad de ayudar a Jon a descifrar toda la jerigonza médica que se nos echaba encima. Eso fue bueno para él y me hizo sentir que de cierta manera podía ser de alguna ayuda para Jon y su familia, aunque era obvio que no podía estar en el hospital todos los días. Cada mañana hacía a un lado todo lo relacionado con los bebés, los biberones, los pañales o las canastas de ropa por lavar lo suficiente para prestarle una atención cuidadosa a la más reciente información médica. Lo escribía todo en una pizarra junto al teléfono, y luego llamaba a dos de los hermanos de Jon, Tommy y Mark, y después al tío Jerry y la tía Diane para mantenerlos a todos al día.

La desventaja de entender la terminología médica era que yo mantenía la carga de preparar a Jon para lo que se avecinaba. Lo llevaba aparte y trataba de explicarle con cariño que necesitaba prepararse, pues su padre había empezado a mostrar señales de un fallo múltiple de órganos. No quería que Jon, distraído por la presión de un nuevo y flamante trabajo, además de las interminables demandas en casa, estuviera ciego a la inminente muerte de su padre. Él en realidad debía tomar las señales como eran, pues al parecer esta vez no habría recuperación como había sido el caso tantas veces en el pasado.

Pocos días antes de Año Nuevo, mientras me encontraba sentada dándole de comer a los bebés, Jon recibió una llamada telefónica del médico de Hershey. Observé cómo los hombros de mi esposo se encorvaban cuando le dijeron que conectarían a su padre a las máquinas antes de que se acabara el día. Hasta hoy me siento culpable por no extender mis brazos, quitarle el bebé de los suyos, y decirle: «¡Tan solo vete!». Me di cuenta más tarde de que yo debería haber sabido que esa sería la última oportunidad de que Jon conversara con su papá antes que la imagen de la red de tubos y mangueras del equipo se grabara para siempre en su memoria.

Mi última conversación con el papá de Jon había sido por teléfono el día de Navidad, mientras las niñas jugaban tranquilas en su cuarto con algunos de sus regalos recién abiertos y los bebés dormían. Unos pocos momentos de silencio eran muy raros en nuestra casa, y siempre estuve muy agradecida por poder hablar con él sin constantes interrupciones. Su voz sonaba extraña y ronca mientras luchaba por respirar. «Quisiera estar allí contigo», dijo él. Llena de emoción, busqué en vano las palabras apropiadas para decirle. ¿Cómo podía expresar lo agradecida que estaba por el suegro y el abuelo bondadoso y generoso que había sido, por su dedicación a querernos, incluso por proveer para nosotros durante los momentos más desesperados durante ese año? Él siempre estuvo allí. Una vez cuando me vio llorando sobre mi montón de cuentas en el mostrador de la cocina, me dijo: «Sea lo que sea, Kate, tan solo dímelo. Estoy para ayudar». Ese era su corazón, y ahora ese tierno corazón estaba fallándole. No parecía justo.

Jon hablaba a menudo con su papá y recuerda su última conversación real con él mientras todavía podía comunicarse, la cual tuvo lugar en el estacionamiento del almacén Sam's Club. Jon, llevando un carro de compras lleno de artículos para el hogar, se dirigía apresurado al auto a través del lote de estacionamiento que estaba repleto debido a la avalancha de compradores para las fiestas. Congelándose en el viento cortante mientras luchaba por descargar el carro de compras y a la vez trataba de sostener el teléfono, solo saludó a su papá brevemente, pero no conversaron mucho. Tanto padre e hijo dieron por sentado que hablarían de nuevo más tarde. El papá de Jon terminó la conversación en ese frío día a fines de diciembre como tantas otras veces antes... con un sencillo «te quiero».

Nos regocijamos por las promesas de un año nuevo y el comienzo de Jon en su nuevo empleo en la capital estatal en Harrisburg. Sin embargo, algo pesado flotaba en el aire mientras Poppy yacía en un hospital con su vida sostenida por las máquinas. Jon se detenía en el hospital todos los días al volver de su trabajo a casa para pasar algún tiempo con su papá. Mi corazón sufría por él cuando lo veía entrar por la puerta luchando con los altibajos del día. Teníamos una conversación detallada en cuanto a los emocionantes nuevos retos de su jornada de trabajo solo para terminar en medio de un silencio triste cuando llegaba el momento de hablar del reto diferente y más difícil para Jon, perder a su papá. Una vez más trataba de convencer a Jon de que él debía por lo menos mencionarle la situación a su nuevo jefe. Pensaba que si él admitía lo inevitable en voz alta ante alguien que no fuera yo, tal vez empezaría a hacerle frente al problema por sí mismo.

El 11 de enero, a los sesenta y tres años, el padre de Jon finalmente abandonó la lucha. Jon, junto con sus dos hermanos y sus dos tías, estuvieron al lado de su papá durante esos momentos finales. Presenciar a una persona exhalar su último aliento es tan poderoso y conmovedor como ver a un recién nacido respirar por primera vez. Jon tuvo ambas experiencias en menos de ocho meses. Llegó del hospital tarde esa noche mientras yo iba de un lado para el otro, sola con mis pensamientos después de poner a los niños a dormir. Él se veía pálido y demacrado, como si una brocha gigantesca simplemente lo hubiera blanqueado, borrando las líneas entre él y lo que lo rodeaba. No supe qué decir; solo lo abracé mientras las lágrimas al fin comenzaron a brotar.

11. ¿Quiénes son todas estas personas?

Cuando las niñas bajaron a desayunar al día siguiente, mis ojos se llenaron de nuevo de lágrimas al darme cuenta de que tendríamos que decirles lo sucedido con su querido Poppy. Ellas entendían que él había estado enfermo, pero yo no sabía si podrían captar, a los cuatro años, el significado de la muerte. Jon y yo hablamos acerca de si debían o no ir al funeral. ¿Se preguntarían para siempre a dónde se había ido Poppy si no se despedían de él? Recordaba haber ido al funeral de mi bisabuela cuando tenía once años, y durante mucho tiempo no había podido apartar de mi mente la perturbadora imagen de su piel como la cera contra el vestido color durazno que llevaba y su recién aplicada capa de esmalte de uñas del mismo color. Pensaba que era importante que les evitáramos esa clase de angustia a Mady y a Cara, y que más bien permitiéramos que recordaran a su abuelo de una forma más positiva… como el hombre gentil y sonriente que siempre tenía un espacio en sus rodillas y un abrazo para ellas.

¡Hora de comer!

12 Dolores de crecimiento

Aun los jóvenes se cansan, se fatigan... pero los
que confían en el SEÑOR renovarán sus fuerzas.
ISAÍAS 40:30-31

El año 2005 comenzó con una sombra de tristeza agazapada en los recovecos de nuestro corazón al lamentarnos por el fallecimiento del papá de Jon. Estábamos en medio de los días fríos y lúgubres del invierno, después de más de un año de dificultades que iban más allá de lo que jamás podríamos haber imaginado. Sentíamos como si Dios nos hubiera llevado al fondo del océano más profundo. Teníamos dos alternativas: atascarnos en el lodo y ahogarnos al estar sujetos al ancla de la depresión y la autocompasión, o nadar con todas las fuerzas que Dios nos daba, mirándolo a él, nuestra luz y salvación, para que nos llevara a la superficie.

Era un nuevo año, Jon tenía un nuevo trabajo, y sentíamos que era tiempo de adoptar una nueva actitud. Jon y yo finalmente decidimos ponernos a la ofensiva en lugar de solo esquivar los retos de la vida y los quebrantos del corazón que nos salían al paso. Una nueva resolución, sepultada muy hondo debajo del peso agobiante de la responsabilidad, empezó a surgir en mí de forma milagrosa. Si alguien hubiera mirado por nuestra ventana del frente, todavía habría visto una casa atiborrada con ocho niños, varias voluntarias y dos padres jóvenes de ojos mustios que trataban con desesperación de mantener sus cabezas por encima del agua. Sin embargo, si esa persona hubiera podido de alguna manera atisbar en nuestros corazones, habría descubierto el más diminuto brillo de una confianza férrea que decía que no solo íbamos a ser una familia que sobrevivió al nacimiento de ocho hijos en menos de cuatro años, sino que prosperaríamos en las olas cálidas de las bendiciones de Dios.

La rutina diaria continuó casi tan estricta como la de un campamento militar; tenía que ser así para evitar el caos completo. La casa estaba recubierta con listas y recordatorios: quién recibía cuál remedio para el resfrío, cuánto y a qué hora, quién tenía una cita con el médico, cuáles pañales serían para cuál bebé y en qué cajón de la mesa de cambiar pañales estaban, y qué día las niñas tenían que llevar almuerzos para sus clases. Tenía incluso una lista junto a la mesa de cambiar pañales para que las voluntarias marcaran quién había defecado ese día.

Era interesante notar las maneras diferentes en que las personas veían mis incesantes listas. Algunas las consideraban como una señal seria de que yo era solo una maniática obsesiva compulsiva del control. Entornaban los ojos cuando recordatorios recientes aparecían pegados con cinta en el espejo del baño durante la temporada de gripe, tales como: «Lávense muy bien las manos». Otras veían las listas como una enorme ayuda que les permitía saber con exactitud lo que necesitaba para que mi casa funcionara bien, lo que resultaba en una familia mucho más feliz y a veces incluso ligeramente más tranquila. Varias al parecer ni siquiera veían las listas. Oía que alguien gritaba desde la sala familiar: «Kate, ¿dónde están los pañales?». Y por décima vez esa semana contestaba: «¡Mira en los cajones, están rotulados!».

¡Las niñas empezaron a disfrutar en realidad los momentos con los bebés, que estaban llegando a ponerse lo suficiente regordetes como para verse irresistibles! Sin embargo, estoy segura de que Cara y Mady enfatizarían con rapidez la palabra «momentos» en esta afirmación, porque para el final de cada día el nivel de ruido en nuestra casa era suficiente como para hacer correr incluso a la más extrovertida niña de cuatro años.

Durante el caos de diciembre, se hizo obvio que tenía que empujar a los seis pequeñines al siguiente nivel, pues ya no eran bebés en la UCIN. Empezamos a ponerlos en el mueble más valioso de nuestra

casa en ese tiempo, basándonos, por supuesto, en su utilidad sin para-
lelo: una mesa para comer con seis asientos. Jon y yo compramos la
mesa ordenándosela a una compañía que hace artículos para guarderías
infantiles. Parecía como una mesa en forma de frijol sobre sólidas patas
angostas, con seis asientos rojos de plástico moldeado insertados en el
borde exterior de la mesa.

*Mady con Joel gritando, papá con Collin y Cara, y la enfermera Angie
al fondo con Aaden.*

La primera vez que puse a cada bebé en su asiento individual, di un
paso atrás y me reí. Parecían como un grupo de viejitos y viejitas, en su
mayor parte sin dientes, agazapados sobre la mesa. Collin, en especial,
tenía dificultades para sostener erguida su gran cabeza. No fue una tarea
fácil. Era obvio que todos ellos necesitaban fortalecer sus músculos, y
distraerlos con la comida mientras los animábamos a que se sentaran
derechos era la solución perfecta.

Después que se les dio a probar los primeros bocados de comida
infantil orgánica, se entusiasmaron en gran manera cuando veían que

12. Dolores de crecimiento·

comenzaban a preparar la mesa. Por lo general, a la hora de las comidas, el coro de chillidos y llantos tal vez se podía oír desde la calle, pero en pocos minutos todos se esforzaban como polluelos abriendo sus boquitas lo más que podían para engullir hasta la última gota. Los pocos minutos de quietud siempre eran un alivio bienvenido, pero no duraban mucho si la cuchara se demoraba incluso por un momento. Probablemente debía haber parecido una autómata enloquecida funcionando a alta velocidad y embutiendo puré de manzana en cada boquita lo más rápido que podía. Mirando hacia atrás, pienso que habría sido cómico si hubiera tenido el tiempo y la energía para disfrutarlo.

Cada día hallaba una serie siempre cambiante de transiciones y ajustes; y los bebés parecían estar desarrollándose y creciendo a cada momento. Trataba con desesperación de captar y apreciar cada nuevo paso de avance, pero tristemente era casi imposible. Tenía mi cámara lista encima del centro de entretenimiento en la sala familiar. Me las arreglé para tomar unas cuantas fotos de recuerdo aquí y allá, como a Alexis con la boca y los ojos bien abiertos y una sonrisa sin inhibiciones, o a Leah sonriendo con su naricita arrugada, pero naturalmente nunca parecía suficiente.

Una cosa que me entristece es pensar en los momentos que me perdí. Yo estaba bien sea en la cocina o en el cuarto de la lavadora por lo menos las tres cuartas partes de mis horas de vigilia. La sala familiar, la habitación donde los bebés pasaban la mayor parte de su tiempo, estaba en el piso entre mis dos destinos. Como seis escalones separaban cada nivel, y muy a menudo tan solo quería dejar en el suelo el canasto de la ropa para lavar y tirarme en la alfombra con mis bebés exploradores al pasar yo por la habitación. Muy rara vez pude darme ese lujo. Estaba de turno, cumpliendo con mis tareas. ¿De qué otra manera lograría hacerlo todo? Sabía que si aflojaba aunque fuera solo por un día, a la siguiente mañana las demandas se duplicarían. Presión era mi segundo nombre.

Un regalo de Dios en la forma de una enfermera muy capaz para la noche, nos ahorró muchas madrugadas sin dormir. Habíamos descartado enfermeras tres veces por varias razones, pero tan pronto como conocí a Angie supe que al fin había hallado a la apropiada. Era mamá (sus dos hijas tenían edades aproximadas a la de Mady y Cara) e incluso lo más importante, inspiraba calma y ejercía el control con habilidad. «No amilanarse con facilidad» debía ser un rasgo primario de la personalidad de cualquiera que quisiera sobrevivir aunque fuera un día en nuestra casa.

Con Angie trabajando en el turno nocturno desde la una de la madrugada hasta las nueve de la mañana, pudimos establecer una mejor rutina por la noche. Los seis bebés eran llevados a sus cunas individuales después de la última comida. Mucho tiempo atrás se había arreglado la habitación con las seis cunas alineadas en el perímetro del cuarto, lo que dejaba apenas suficiente espacio para una cómoda y una mesa para cambiar pañales. En un esfuerzo por hacer que los bebés durmieran toda la noche sin que los despertaran sus adormiladas hermanas mayores, cuando caminaban con torpeza por la habitación al dirigirse a la cama, yo encendía el ventilador del cielo raso en velocidad baja y oprimía el botón de su maquinita de sonido que estaba sobre la cómoda. A los pocos minutos, conforme un agradable sonido llenaba el cuarto, la revolución de chillidos se acallaba... por lo general. Oíamos las respiraciones y movimientos en el monitor, lo que era una señal de que todos se habían resignado a las frazadas y chupetes hasta, con un poco de suerte, las siete de la mañana del día siguiente.

Cuando nuestra rutina de ponerlos en la cama en realidad se volvió más predecible con el tiempo y Angie se cambió al turno de la mañana tres días a la semana, Jon y yo reunimos el valor después de una rápida cena una noche para declarar nuestro Día de la Independencia. Anhelaba poder dejar de apoyarme en cualquiera que no formara parte del grupo básico de unas cuatro voluntarias, que para entonces, también eran queridas amigas, y me preguntaba en voz alta qué pasaría si empezábamos a darles la comida a la hora de irse a la cama por nuestra propia cuenta. Mientras Jon escuchaba, estuvo de acuerdo en intentarlo, y yo sonreí indecisa al buscar el teléfono para cancelar la venida de mis voluntarias, que estaban programadas para llegar en menos de una hora. El pensamiento de estar en mi casa sola con mi esposo y que nosotros dos pusiéramos a todos nuestros hijos en sus camas para pasar la noche en realidad me aturdía. Sin embargo, fue mucho mejor experimentar el sentimiento de logro tarde esa noche, cuando Jon y yo nos dejamos caer en la cama después de hacer con nuestras propias manos lo que normalmente era difícil hacer con doce.

●

Ese largo y lóbrego invierno parecía que nunca terminaría. Estar en la casa casi veinticuatro horas al día con ocho chiquillos le da un significado nuevo por completo a la claustrofobia. En ese tiempo todavía no teníamos un vehículo lo suficiente grande como para que cupiera toda la familia, y yo me sentía algo encerrada. No era como que pudiera despertarme por la mañana, decidir que necesitaba algunos víveres, poner a mi bebé en el asiento del auto, y marcharme a la tienda local. Todo tenía que ser planeado con cuidado alrededor de las horas de las comidas, y contando con la disponibilidad de las voluntarias, porque tenía que dejar a los bebés en casa.

Si yo me sentía como si estuviera bajo arresto domiciliario, también los bebés y las gemelas. Los bebés estaban confinados, incluso más, a las cuatro paredes de su pequeño refugio en la sala familiar. Era mucho más fácil y seguro mantenerlos juntos, aliviando de este modo la necesidad de tener que adivinar de continuo quién estaba en dónde.

La melancolía del invierno no era la única amenaza con la que luchábamos para mantener a raya, pues los resfriados y las infecciones de oídos eran una batalla casi constante. Con más frecuencia de la que queríamos, un resfrío recorría a la media docena de bebés a pesar de mis intentos pretenciosos de impedir el contagio de gérmenes. A menudo tenía que aplicarles tratamientos de respiración a los bebés que tenían dificultades para vencer un mal resfriado. Siendo prematuros, cualquier estornudo de alguna manera se las arreglaba para convertirse en problemas respiratorios. Alexis era susceptible en particular, y necesitaba tratamientos muy a menudo; sin embargo, en realidad todos tenían su propio turno.

Aun más problemática era la necesidad de aplicar inyecciones sinergísticas de nuevo a fin de ayudar a contener el VRS, un virus respiratorio en específico peligroso para los prematuros. Había que aplicarles las inyecciones una vez al mes entre octubre y abril. Así que tenía un problema serio: ¿Como podía llevar a los seis bebés al consultorio de un médico una vez al mes sin un auto en el que cupieran todos ellos, las gemelas y yo? Aun si tuviera una camioneta, ¿cómo podría lograr llevarlos a todos al consultorio sin la ayuda de por lo menos dos voluntarias? Incluso si hacía varios viajes, entonces necesitaría la ayuda de más voluntarias, algunas para que fueran conmigo y otras para que se quedaran con los bebés que permanecían en casa. Además de todos estos escollos, también estaría exponiéndolos a más gérmenes que quedan en los consultorios de los pediatras durante los meses de invierno. Necesitaba un plan mejor: tenía que aplicarles yo misma las inyecciones.

Siendo enfermera, me sentía capaz de calcular la dosis correcta basándome en el peso de cada bebé, y el médico, después de verificar doblemente mis dosis la primera vez, también se sintió tranquilo con el hecho de que yo aplicara la medicina. No obstante, a pesar de que mi mente era capaz de hacer los cálculos, mi corazón tuvo un tiempo más difícil. Aunque les he puesto inyecciones a muchos infantes, nunca habían sido los míos; así que en realidad tuve que convencerme para clavarle una aguja a mi propio bebé y luego repetir esto cinco veces más. La enfermera en mí prevaleció por encima de mis sensibilidades de mamá. Razoné que si alguien les iba a clavar una aguja, mejor que fuera yo misma en la comodidad de nuestra propia casa.

Cuando llegó el temido día de aplicarles la primera dosis, tomé a Leah y tragué fuerte mientras ella me sonreía y parloteaba conmigo. Poniéndola sobre la mesa de cambiar pañales, tuve que cubrirle la cabeza apenas por un instante con una toallita mientras insertaba la aguja en su piel. Detesté pensar que a lo mejor ella se imaginara que estaba causándole dolor. Como la mayoría de los bebés, Leah lanzó un furioso alarido por el súbito pinchazo doloroso, pero después de pocos minutos de arrullarla cerca de mi corazón, se calmó lo suficiente para que pasara al siguiente paciente. Cinco veces más tragué fuerte mientras recordaba que una inyección cada treinta días era mucho mejor que lidiar con el VRS.

Conforme mi traviesa cuadrilla se volvía más curiosa y exploradora cada día, los bebés se mantenían turnándose del asiento rebotador a una frazada con juguetes regados sobre el piso y a un asiento muy codiciado frente a su video favorito: Baby Einstein. Una voluntaria y yo por lo general poníamos a dos de ellos en cada posición por cerca de quince o veinte minutos… o hasta que uno o más chillaban lo suficiente para promover una rotación más rápida. Por supuesto, siempre había alguien que no estaba contento o contenta con su posición en particular, y se quejaba ruidosamente. En ese caso, aunque «la rueda que rechina es la que se engrasa», el chillido tenía que ser bastante convincente. En realidad quería entrenarlos para que se entretuvieran por sí solos, sabiendo que como parte de una familia grande tenían que ser bastante autosuficientes. Simplemente, no era posible que yo cediera en el instante preciso en que ellos querían algo.

Un día, mientras Beth cargaba a Aaden, ella y yo conversamos sobre los límites extremos que definían el mundo de mis bebés. Estaban acercándose con rapidez a su primer cumpleaños, sin embargo, muy pocos de ellos habían experimentado incluso las actividades diarias más ordinarias, tales como ir en el asiento de un carrito de compras por el supermercado, sentir la piel suave de una mascota familiar, tener la experiencia de las luces y el ruido en un lugar público atestado, o incluso permanecer en una habitación diferente. Habían salido de la casa solo para acudir a las citas con el médico. Me preocupaba el hecho de que ellos tenían que estar aburridos con la vista que disfrutaban desde detrás de la cerca blanca que se extendía al pie de las escaleras en la sala familiar.

De modo irónico, a pesar de lo mucho que les faltara el estímulo externo, el ajetreo constante dentro de nuestra casa, debido a tantas personas en un espacio tan reducido día tras día, los dejaba a casi todos susceptibles y con mal genio.

En algún momento casi todos los días, Aaden llegaba a estar tan rígido y tenso por el nivel de ruido, que se ponía inconsolable. Beth se imaginó desde el principio que Aaden necesitaba paz y tranquilidad. En una noche de verano, en particular ruidosa, durante la hora de la comida, el diminuto Aaden, que pesaba tres kilos, se rehusó a calmarse incluso para buscar consuelo en su biberón caliente. Nos dimos un buen susto al verlo en tal frenesí, llorando y dando chillidos que lo dejaban exhausto y casi sin respiración. Lo desnudé hasta dejarlo en el solo pañal, buscando con desesperación cualquier señal física de lo que pudiera estarle molestando. Después de treinta minutos de pasear, calmar, mecer y consolar a nuestro pequeño chillón, en medio del caos de otras cinco voluntarias y otros cinco bebés con hambre, Beth me pregunto si podía llevar a Aaden escaleras arriba a la oscuridad de la sala en donde podría abrazarlo con calma y mecerlo.

Sin que fuera sorpresa, al mirar hacia la sala apenas cinco minutos más tarde, vi que Aaden estaba bien acurrucado en el pecho de Beth, profundamente dormido, tranquilo y sosegado por fin. Al parecer su frágil sistema nervioso no podía procesar todo el estímulo constante.

En la tranquilidad de ese momento se formó un vínculo muy especial, y Beth se convirtió en la mejor aliada y compañera de Aaden. Tres años más tarde, ese vínculo se ha profundizado, y ahora cuando Aaden ve a Beth declara con orgullo que es su «segunda mamá». Esto funciona de maravilla cuando él anda buscando abrazos adicionales… o tal vez una galleta más. Alguien pudiera pensar que me fastidiaría el hecho de que mi hijo se refiera a otra persona en el mundo como «mamá», pero para este tiempo ya he avanzado mucho más allá de eso. Me percaté muy temprano de que aunque soy su mamá en todo el sentido de la palabra, a veces es una verdadera bendición saber que mis hijos tienen una especie de respaldo, alguien que llene la brecha inevitable cuando simplemente no hay suficiente de mi persona para todos. Me encanta que mis hijos sepan que muchas personas los quieren, eso hace que muestren su cariño con libertad, repartiendo y recogiendo abrazos con un fervor infantil sin inhibiciones.

Después que la necesidad de Aaden de tener silencio absoluto se hizo evidente, una vez más me sentí impotente y triste. Triste por Aaden, pues no teníamos alternativa. Incluso si nuestra pequeña casita pudiera de forma mágica absorber el estruendoso ruido, no podía dejar a los bebés sin atención en diferentes áreas de la casa. Él, junto con sus otros siete hermanos y hermanas, estaba destinado a tener que hacerle frente al caos de nuestro hogar… así como también a su insólita contraparte, el aislamiento del mundo exterior.

12. Dolores de crecimiento·

Una tarde ya no pude aguantar los llantos ni un minuto más. No se trataba solo de que los bebés se sintieran intranquilos porque les estaban comenzando a salir los dientes, también Aaden había tenido un día en particular difícil. Cuando llegó Beth, que estaba en el horario para ir a ayudarnos ese día, de inmediato percibió mi frustración. «¿Por qué no me llevo a Aaden a mi casa por un rato?», me preguntó. Antes de ese día había recibido tal vez docenas de ofertas, en su mayor parte de personas a las que quería y en quienes confiaba por completo, para sacar a un bebé fuera de casa por unas pocas horas. Nunca antes de ese momento lo consideré. No estaba acostumbrada, aun cuando tuve primero a las gemelas, a que mis hijos se encontraran fuera de mi cuidado. Necesitaba saber dónde estaban en todo momento. No obstante, ese día, de alguna forma esto me pareció bien. Había llegado al punto en que sabía que era lo mejor para Aaden tener un poco de solaz, y una buena dosis de aire fresco no le podía hacer daño. Estuve de acuerdo, y después de ponerlo con toda prolijidad en su asiento de bebé con una frazada abrigada, casi sentí envidia al ver que lo llevaban al auto para su gran aventura.

La primera visita de Aaden fue un enorme éxito. Beth lo entregó seguro en casa antes de la hora de dormir, y él parecía tranquilo y contento. Era obvio por su expresión y sus ojos brillantes que él pensaba que su breve salida había sido bastante divertida. Beth me contó cómo al principio pareció deleitarse en la quietud, descansando en calma y disfrutando. Nos reímos juntas al describirme la diversión mientras él se acostumbraba a su entorno, cuando lo colocaron sobre el mostrador de la cocina en su asiento de bebé, recorriendo con sus ojos de un lado al otro como si estuviera en un partido de tenis. La novedad de sus nuevos escenarios mezclada con una dosis saludable de relativo silencio había a la vez calmado su tensión y alimentado su curiosidad natural de bebé.

Beth y yo supimos que habíamos descubierto algo. La reacción de Aaden a un medio ambiente fresco hizo dolorosamente obvio que los seis bebés tenían que salir de la casa en algunas ocasiones, tanto para tener un alivio de su rutina predecible como también para experimentar nuevos estímulos y situaciones. Se convirtió en una rutina que Beth se llevara a uno o dos bebés por varias horas para exponerlos a diferentes lugares… o en el caso de Aaden, para darle un respiro del ambiente atiborrado y el clamor demasiado estimulador que llenaba nuestra casa.

En una ocasión memorable, llevó a Collin y a Aaden al supermercado. Dándose cuenta de que a esas alturas el ajustarse a nuevas situaciones a veces era abrumador para mis bebés protegidos y acostumbrados a la rutina, ella sabía que las luces y el ruido de la tienda podían estimular un colapso potencial. Y tuvo razón. Cuando puso a Collin en el asiento del carrito de compras, algo común para la mayoría de los bebés, él se quedó petrificado. Era obvio que la falta de familiaridad con toda la experiencia le resultó tan sorprendente como un salpicón de agua fría, y ajustarse a la vida fuera del mundo de la sala familiar iba a ser un proceso interesante. Se quedó paralizado por el pánico, y sus gritos y su lenguaje corporal enviaban mensajes claros de que estaba seriamente asustado en el asiento de metal duro del carrito de compras. Su respuesta dramática recalcó el hecho de que a los bebés hay que aclimatarlos poco a poco a la vida fuera de un tipo diferente de ambiente.

Deshacernos de la coraza de protección que involuntariamente se había formado alrededor de mis hijos se convirtió para nosotros en un tipo de misión. Tratamos de exponerlos a una variedad de estímulos externos, algunos tan sencillos y naturales como la sensación del viento en sus caras. Además de las excursiones a la casa de Beth, mi hermana Kendra en ocasiones se llevaba a un bebé durante el día, a menudo a Joel. Mi amiga Susan a veces se ofrecía a llevarse a Hannah y a Leah. Por supuesto, también estaban nuestras fieles y dedicadas maestras y ayudantes, nana Joan y nana Janet, que trabajaban en la línea del frente en casa, presentándoles retos y atendiendo a todos los bebés. Con todo, al ver lo felices que mis pequeños exploradores estaban después del tiempo pasado en sus pequeñas excursiones, sentí un profundo alivio al comprobar que el hecho de haber permanecido durante casi todo su primer año en su cuartel alfombrado no había dañado de forma permanente su desarrollo social. Continué orando cada mañana que al fin llegaran los días cálidos de primavera para poder abrir la puerta de la sala familiar y salir al porche con el fin de disfrutar de un necesario y muy esperado cambio de escenario para todos nosotros.

12. Dolores de crecimiento

Con la promesa de la primavera todavía a meses de distancia, la hora entre la siesta y la cena era la parte más retadora de cada día. Mis niños eran unos comilones voraces, y me hacían saber con todo tipo de chillidos cuando sus pequeños estómagos estaban vacíos. Todos se las arreglaban para rodar o arrastrarse hasta la cerca blanca, y entonces daban inicio a una lastimera función de alaridos y gritos, porque sabían que yo andaba por la diminuta cocina al escuchar las ollas y los sartenes sonando o la puerta del horno cerrándose de golpe. Cara y Mady, dando brincos por la sala familiar llena de juguetes regados, reemplazaban los chupetes que ellos habían dejado caer, y hacían un trabajo admirable casi todos los días tratando de entretenerlos y distraerlos lo suficiente para que yo les preparara la comida. Sin embargo, no era una tarea fácil, y las niñas, que esperaban ellas mismas su cena, tenían poca tolerancia ante el enloquecedor coro de llantos.

Para nuestro alivio varias veces a la semana, Kayla, la segunda hija de Beth, caminaba las seis o siete manzanas desde la secundaria para cargar y entretener a los bebés mientras yo preparaba la comida. A ellos les encantaba su método práctico, puesto que se acostaba en el piso y permitía que se le montaran encima… babeando, gritando y muy felices de tener a alguien a su mismo nivel, aunque solo fuera por un momento. Más tarde se le podía ver sentada a la cabeza de la mesa roja, repartiendo con rapidez bocados de puré de legumbres y compota de manzana. Era un lujo en esas pocas tardes a la semana oír por lo menos a algunos de los seis riéndose en lugar de llorar mientras yo les servía a Mady y a Cara su cena a un ritmo mucho menos frenético.

Un punto destacado en esos meses lúgubres de invierno fue cuando el pequeño y delgado Joel se las arregló para levantarse sobre sus cuatro extremidades y gatear. Sorprendió a todos con su determinación para agarrar su juguete favorito haciendo uso de su recién hallada movilidad e independencia. Todo el que pasó por el salón alabó su proeza, y su encantadora sonrisa mostró que estaba muy orgulloso por su último logro. No pasó mucho tiempo para que la mayoría de los demás lo notaran y también conquistaran el arte de gatear… todos, excepto Alexis.

En un momento yo había estado preocupada tanto por Alexis como por Collin. No parecían tener la coordinación física de los otros cuatro bebés. En verdad, siempre estuvieron entre los más grandes del grupo, y pensé que tal vez su tamaño de alguna manera les hacía más difícil moverse como sus hermanos. Cuando tenían cinco y medio meses, noté que Collin le daba un mayor uso a su lado derecho, manteniendo su puño izquierdo apretado con fuerza e inmóvil. Lo sometí a terapia física, y pronto superamos esa barrera con algo de entrenamiento adicional para esos músculos débiles y que no cooperaban. Él se igualó al resto de la pandilla con rapidez y se las arregló para dominar con confianza el gateo al cumplir los diez meses.

Sin embargo, Alexis se quedaba muy contenta permaneciendo sencillamente sentada. No solo se quedaba sentada, sino que asumía una extraña posición como de trípode con sus dos piernas abiertas de un modo desusado, ayudada por sus nalguitas en lugar de por la fuerza de sus músculos abdominales. Más perplejos nos dejaba el hecho de que permanecía fija en un lugar, incluso al punto de ser el patito sentado para los astutos ladrones de juguetes que venían, como Joel. Ella lloraba enloquecida por las injusticias que sufría a manos de sus hermanas y hermanos, que rápidamente aprendieron que podían quitarle con facilidad un sonajero de las manos y escaparse sin peligro de desquite. Eso no era para nada congruente con la personalidad más amplia de Alexis ante la vida; ella era una persona de armas tomar, pero no se estaba comportando de esa forma.

Gracias a Dios, como muchos de mis más profundos temores y preocupaciones, no había nada malo físicamente con Alexis. Recibí unas pocas indicaciones de un terapista físico sobre cómo estimularla para que fortaleciera esos músculos que parecían algo débiles, pero la cuestión real era que Alexis haría las cosas según su propio calendario, no el nuestro.

La primavera, gloriosa primavera, al fin llegó ese año para gran alivio de todos. Los rayos dorados del sol que entraban por las ventanas abiertas iluminaron la sala familiar en donde los bebés practicaban pararse sosteniéndose de cualquier cosa que estuviera a su alcance. ¡Estaban en una edad encantadora! Me fascinaba cuando su pelito fino se levantaba debido a la electricidad estática y se encendía con la luz del sol, lo cual hacía que se vieran como si tuvieran una ligera aureola.

Un día, en marzo, me maravillé con mi hermana Kendra al notar cuánto estaban creciendo los bebés; tales esponjitas vivas y atareadas simplemente lo absorbían todo y cambiaban mucho todos los días. Ella titubeó apenas por un instante antes de mirarme directo a los ojos y decirme: «Kate, tenemos que llevar a los bebés a visitar la casa de los abuelos, pronto». Mi corazón se encogió al ver la tristeza en su expresión. Ella trataba de explicarme con gentileza que mientras yo había estado atravesando por un período de tiempo nebuloso, medio adormilado, lleno de bebés, alejada de la realidad, la vida había seguido su marcha sin detenerse. Para mi querido abuelo de ochenta y seis años, eso quería decir que la temporada final de su larga, y buena vida en esta tierra se acercaba a su final.

La abuela sosteniendo a Joel y el abuelo a Hannah en marzo del 2005.

Mis abuelos maternos eran, a mi modo de ver, el epítome del amor infalible e incondicional de Dios. Vivieron toda su vida brindando libremente su corazón, su sabiduría y sus regalos a todo el que tuviera necesidad, sin ninguna condición. Yo valoraba su dirección, gracia y bondad; y aunque hablaba con ellos unas cuantas veces a la semana, añoraba sus abrazos.

Capté fuerte y claro el mensaje de Kendra. No sabía exactamente cómo íbamos a lograrlo, pero decidí allí mismo que íbamos a ir a visitarlos… todos nosotros. Para ese entonces, yo no había salido de la casa con todos los niños ni una sola vez, excepto para alguna muy bien planeada visita al médico en Hershey, con la ayuda de varias voluntarias, con el fin de que examinaran sus ojos meses atrás durante el verano. Así que este era un gran *reto*.

Kendra, Jon y yo juntamos nuestras ideas y concebimos un plan. Kendra y su esposo, Jeff, dejarían a sus dos hijos con una niñera por el día a fin de tener en su furgoneta suficiente espacio para cuatro asientos de bebé. Jon y yo llevaríamos nuestra camioneta, también con cuatro niños. Me llevó todo minuto libre de un día entero recoger todos los artículos necesarios para salir de la casa por que sería un total de ocho horas completas.

Mi principal preocupación era Aaden. Él sufría de neumonía por aspiración en ese entonces, y aunque no era contagiosa para el abuelo, me preocupaba llevar a un bebé enfermo durante un viaje de dos horas por carretera. Sin embargo, era de vital importancia no demorar la visita.

La mirada de sorpresa en la cara de la abuela cuando entramos por su puerta hizo que valiera la pena cada onza de la planificación y la energía que habían sido necesarias para llegar hasta allí. Ella aplaudió con alegría, con sus ojos bondadosos brillando por las lágrimas, al observar a su prole de bisnietos, mientras uno por uno fueron llevados para que los vieran ella y el abuelo. Mis abuelos vivían en un diminuto apartamento que les proveía la ayuda social, y cuando el desfile de bebés finalmente terminó, nos quedamos parados y nos reímos por lo cómica que se veía la atestada sala. Los seis pequeños estaban sentados en la mitad de la habitación sobre una frazada extendida, mirando intrigados, pero no muy seguros de entender esta nueva experiencia llamada visita.

12. Dolores de crecimiento·

Al mirar a mi abuelo, todavía pude ver la tierna bondad detrás de las profundas arrugas de su cara y su nublada mirada de anciano. Desdichadamente, se veía delgado y frágil. Yo sabía que nadie tenía más corazón que mi abuelo, pero también sabía que el corazón —como el valor, la convicción, la fe, la disciplina y el discernimiento— aunque honorable, no puede cambiar el hecho de que nuestro cuerpo un día envejecerá y se cansará. Y eso es lo que le estaba sucediendo al abuelo.

Levanté con suavidad a Hannah, que tenía diez meses, colocándola en sus rodillas huesudas. Mientras ella estudiaba a su bisabuelo con sus grandes ojos negros, él acarició su suave pelo sedoso con su mano endeble. Con voz temblorosa le susurró a Hannah: «Tienes un pelo muy hermoso, querida». Felizmente, como los bebés siempre lo hacen de alguna manera, Hannah pareció percibir el genuino amor del corazón del abuelo, y se quedó sentada quieta por varios minutos antes de que el abuelo perdiera su fuerza y se la entregara a su papá. Yo supe en ese instante que mi querido abuelo ya había empezado la transición de este mundo al próximo, porque en ningún momento en su vida él había renunciado de buen grado el cálido y tierno abrazo de un bebé.

Mientras tanto la abuela, mi soplo de aire fresco, nos agradecía una y otra vez por haber hecho el viaje hasta su casa. Estaba tan emocionada como una niña en la mañana de Navidad, y su energía era puramente contagiosa. Con sus ojos brillantes clavados en nuestra siempre seductora Alexis, exclamó en voz alta: «¡Oh, Art, ahora cuando cerremos nuestros ojos, podremos ver!». Era su propia manera de decir que siempre estábamos en sus pensamientos; otro regalo que sin saber ponía en mi corazón.

En la presencia de la abuela supe cómo se siente vivir en un refugio lleno de bondad y aceptación. Sabía desde la niñez, habiendo crecido con pautas y reglas muy rígidas, que nada jamás podría separarme de su abrazo cariñoso. Ese día fue un dulce recordatorio de cuánto anhelaba ser un conducto de ese tipo de amor para mis hijos, tal como la abuela siempre lo fue para mí.

Jon también tenía un lazo especial con mi abuela. Siendo ambos personas nocturnas, los dos habían pasado mucho tiempo a altas horas de la noche hablando por teléfono desde que nos casamos. Jon valoraba su sabiduría y se asombraba por el conocimiento que ella tenía de la Biblia. La abuela le narraba historias específicas con vívidos detalles y le daba el capítulo y el versículo para que pudiera verificarlas por cuenta propia si lo quería. Ella no solo predicaba la Palabra de Dios, sino que la vivía y la respiraba.

Tristemente, esa sería la única visita que mis hijos les harían a sus bisabuelos. El abuelo sucumbió por un fallo cardíaco congestivo un caluroso y húmedo día en junio del 2005, y la abuela se le unió poco más de un año después en septiembre del 2006. En los momentos en que en realidad quisiera tan solo poder hablar con ellos una vez más, todo lo que hago más bien es orar pidiendo que un día llegue a ser como ellos. Hasta hoy, cuando estoy teniendo un mal día, todavía puedo oír la voz del abuelo diciendo: «Estás haciendo un gran trabajo, cariño. ¡Sigue adelante!».

De regreso a casa, el entusiasmo de nuestra gran salida se agotó minutos después de llevar a ocho pequeños dormidos a la casa a oscuras. Jon y yo, al instante volvimos a la acción. La salida de los dientes estaba en plena marcha y produciendo su efecto con rapidez en todos nosotros. Era una rutina que le diera a cada uno una dosis de Motrin después de su baño por la noche. Acabamos innumerables frascos de ese jarabe medicinal, pues era en verdad un salvavidas al lidiar con varios bebés a los que a veces les salían varios dientes a la vez.

Hablando de la hora del baño, esa fue siempre la especialidad de Jon. Después de haber estado lejos de casa y de los chicos prácticamente todo el día, ese era su tiempo de vincularse con cada uno de ellos. Después de la cena, mientras yo me dedicaba a la tarea de limpiar la cocina —disfrutando de la bendición de estar sola— él los llevaba escaleras arriba y los ponía detrás de la cerca que los mantenía seguros y reunidos en su dormitorio. Desnudaba a todos hasta su pañal y luego cruzaba el corredor para llenar la tina de agua. Ver a seis bebés casi desnudos retorciéndose y chillando era cómico y divertido, puesto que a todos ellos les encantaba quitarse la ropa, en especial los calcetines.

Aaden, papá y Hannah en la fiesta del primer cumpleaños de los bebés.

Sonreía para mí misma al oírlos gritar ante la cerca, sabiendo que su hora favorita del día les esperaba.

Después que los traía escaleras abajo, ya con su loción aplicada y vistiendo abrigadas pijamas, recibían su biberón final de la noche. Mientras tanto, Cara y Mady se turnaban en el pequeño baño, cantando y salpicando en la ducha mientras papá esperaba pacientemente con otro conjunto de toallas limpias y sus pijamas rosadas. Todo el proceso llevaba por lo menos una hora, y yo siempre lo consideré como un obsequio de Jon.

No conozco a muchos papás que de buena gana lleguen a casa después de un día completo de trabajo, luego de viajar por carretera hora y media para ir e igual tiempo para regresar, y todavía asuman la tarea enérgica y agotadora de bañar a ocho niños. Y esto no era una cosa que hacía de vez en cuando; era algo que hacía casi todas las noches. Algunas mujeres reciben joyas, costosos regalos o cenas caras cuando sus esposos quieren congraciarse con ellas. Yo no. A mí denme un hombre que me regale una hora entera para mí, mientras él se las arregla para lavar dieciséis manos pegajosas y ocho narices mocosas, lucha para embutir todas esas extremidades regordetas y húmedas en sus pijamas, y luego sella todo con ocho abrazos individuales. Estoy muy segura de que recibí lo mejor de lo mejor cuando Dios entregó sus dones.

●

Debido a que la fecha trascendental del primer cumpleaños de los bebés se acercaba muy rápido, Jon y yo decidimos organizar una gigantesca celebración. La consideramos una fiesta de cumpleaños, agradecimiento y supervivencia. Teníamos mucho por lo cual estar agradecidos durante ese primer año y numerosas personas a las cuales agradecer. También, considerábamos un logro importante haber en realidad sobrevivido todo un año, lo que representaba aproximadamente trece mil cambios de pañales, casi igual número de biberones, y cerca de un millar de cargas de ropa para lavar. Añádale a esto dos muertes altamente emotivas hasta ese punto, la pérdida de dos trabajos, absolutamente ningún espacio personal y cero privacidad… pues bien, si sobrevivir a todo eso no esa causa de celebración, no sé lo que pudiera serlo.

Con gran esmero planeé durante meses todo detalle del gran acontecimiento, el que llevaríamos a cabo en el Inn de Reading, un establecimiento local que podía dar cabida con comodidad a los cien invitados que esperábamos que asistieran. Me dio gran placer ordenar unos gorritos preciosos en los que se leía «Mi primer cumpleaños», cada uno adornado con una borla blanca. Incluso me di el lujo de comprar seis baberos de satín blanco en los cuales bordé el nombre de cada niño. Recuerdo haber titubeado en cuanto a gastar ese dinero adicional, pero sabía incluso entonces, gracias al torbellino de ese primer año, que había que aprovechar cada oportunidad que tenía para capturar todo recuerdo fugaz. Esos diminutos baberos ahora me producen una dulce nostalgia cuando miro hacia atrás a esos días complicados, alocados, llenos de milagros… y eso vale más que lo que cualquier dinero puede comprar.

Cuando llegó el gran día, todavía no teníamos un vehículo con el suficiente espacio para transportarnos todos a la vez, así que aun, para nuestra fiesta de agradecimiento, personas voluntarias tuvieron que ayudarnos con esta. Cuando llegamos al lugar, después de emplear como treinta minutos en llevar al gran salón a los bebés, las gemelas, las maletas de pañales, y otros artículos variados para la fiesta, miramos a nuestro alrededor y nos quedamos boquiabiertos. Era impresionante ver reunidos en un mismo lugar a todas las personas que en realidad nos habían brindado una mano para ayudarnos de alguna manera. Por todas partes adonde miraba habían mesas llenas de amigos que sonreían, familiares y representantes de empresas que habían venido para decir «amén» a un trabajo bien hecho por todos. Si como dice el refrán, es verdad que «exige una población criar a un niño», con certeza estábamos mirando a seis poblaciones representadas en ese salón, y todos habían trabajado juntos con un mismo sentir y el propósito de bendecir a nuestros seis milagros de ojos bien abiertos; así como también a toda nuestra familia.

Jon y yo habíamos hecho arreglos para que pusieran al frente del salón una mesa grande y larga, en donde pudiéramos sentar cómodamente a todos nuestros ocho hijos. Después de una deliciosa comida estilo bufett, varias meseras colocaron seis pasteles de cumpleaños individuales, uno frente a cada bebé, todos decorados en suaves matices de colores y con el nombre de cada pequeño. Sentí como si todo el cuarto contuviera al unísono el aliento mientras esperábamos para ver quién sería el primero en descubrir ese maravilloso sabor de la infancia… ¡azúcar! Con tantos que mirar, en verdad no puedo recordar quién se abalanzó sobre el pastel primero, pero sí puedo decir esto: después de los primeros toques vacilantes a la sabrosa cubierta azucarada, las noticias se regaron rápido, y en pocos minutos los seis chiquillos de un año tenían la cara embadurnada con un arco iris de colores.

Me sentí orgullosa de Cara y Mady, puesto que se condujeron muy bien al lidiar con toda la atención que recibían los bebés, no solo ese día sino todos los días. A veces pienso que ellas renunciaron a todas las peculiaridades de unas niñas de tres y cuatro años mientras que las charlas, las preocupaciones, los deberes, y por último, los logros de los bebés inundaban todo aspecto de nuestras vidas. Deseaba protegerlas, aunque sabía que como hermanas mayores de sextillizos estaban destinadas a tener una vida muy diferente a la que Jon y yo nos habíamos imaginado para ellas. Tendrían que compartir a sus padres, sus juguetes, sus golosinas… y también los reflectores.

La fiesta terminó con una nota feliz cuando recogimos a todo nuestro séquito y regresamos a casa. Sabíamos que la celebración había sido no solo la culminación de un primer año difícil, sino más bien el punto de partida de todo un nuevo conjunto de retos. Muchas incógnitas y preguntas se cernían fuera del alcance de nuestra vista. Las personas preguntaban cosas como: «¿Cómo van a caber todos ustedes en esa casa? ¿Consiguieron ya una camioneta? ¿Pueden imaginarse cómo será cuando tengan dieciséis años? ¿Han pensado en la universidad?». La gente tal vez no se daba cuenta de que hubiera acabado en el manicomio si me concentraba en esas cuestiones. Por supuesto que Jon y yo nos preocupábamos y conversábamos sobre cada uno de esos asuntos y cientos más, pero también sabíamos que no podíamos permitir que el temor tuviera cabida en nuestras vidas y se robara así la alegría que nuestros ocho hijos nos proporcionaban todos los días.

Regresamos a nuestra casita en la avenida Dauphin esa tarde más decididos que nunca a vivir un día a la vez, mientras empleábamos el conocimiento y la sabiduría que adquirimos en el camino con el fin de forjar planes para lo que sin duda alguna sería un futuro emocionante.

●

Graduarse oficialmente para alcanzar el estatus de tener un año de edad en nuestra casa significaba que los biberones se convertirían en cosas del pasado. Tal como lo había hecho con las niñas, decidí comenzar a darles leche en una taza durante las comidas. Como en todas las etapas, uno o dos se rezagaron; en este caso fueron Aaden y Joel. Podían sostener la taza, pero tuvieron que seguir tomando fórmula hasta que se las arreglaron para superar por lo menos el décimo percentil en el cuadro médico de crecimiento. Traté y traté, pero engordar a esos dos muchachos parecía casi imposible.

Los bebés aceptaron sus «tacitas» con bastante facilidad, y en pocas semanas nos despedimos de otro ícono de la infancia. El cuadro de un niño de nueve kilos y cerca de setenta centímetros de estatura agarrando ferozmente lo que parecía una gigantesca tacita infantil con tapa, era cómico, pero me alegré mucho de librarme de los biberones.

El hecho de que a Aaden le faltara peso, aunque lo hizo retrasarse en la línea para la leche, solo pareció obrar a su favor con relación a la categoría de «quién caminaría primero». Pocos días después de su cumpleaños, el 10 de mayo, el pequeño travieso se paró tambaleante sobre sus flacuchas piernas y dio un paso vacilante, y después otro. En el otro extremo de la escala, Hannah, encabezando definitivamente la carrera a la par con Collin en cuanto a tamaño, demostró que mi teoría acerca de que los bebés más pequeños caminarían primero, estaba equivocada por completo, puesto que ella se igualó a Aaden dando sus primeros pasos junto con él.

Cuando nana Joan llegó para visitarnos más tarde ese día, de modo afable colocó a su «pequeña encantadora Leah» sobre sus rodillas para tener una conversación de corazón a corazón en cuanto a caminar. Nos reímos mientras Leah arrugaba la nariz, encantada por la animada charla con su visitante favorita. Sin embargo, nos reímos mucho más cuando apenas unos pocos días después Leah hizo sentir a su nana Joan muy orgullosa al exhibir sus delicados pasitos en puntillas, dos o tres a la vez. Un estruendoso aplauso estalló por todos lados, mientras todos gritábamos esperando alentar a Joel, Collin y Alexis para que también lo intentaran.

No obstante, ellos ni se inmutaron. Joel estaba contento con su título de «el que gatea más ligero» y no veía mucho valor en complicar su modo de transporte para nada. Fue alrededor de ese tiempo que Joel pasó de ser el campeón de la velocidad, temerario, que arrebataba juguetes, a convertirse en el blanco de los choques con los viajeros en dos piernas. Ahora ellos tenían una ventaja con su perspectiva más alta, y de forma inocente, o tal vez no, lo golpeaban en la cabeza con cualquier juguete que llevaran en sus manos mientras pasaban cerca. Pobre Joel. ¡Con el tiempo él vio la sabiduría de ponerse a la altura del reto, literalmente, y después de meses de quejarse, al fin reunió el valor para caminar!

Collin, pues bien, voy a tener que decirlo de nuevo: el pobre pequeño tenía que batallar con su cabeza. Cada vez que parecía que lograba equilibrarse y daba un paso o dos, el peso de su cabeza lo hacía caer. Era hasta cómico, y sin embargo, algo triste. Felizmente, la obstinada determinación de Collin a la larga dio resultado y él también se igualó con el grupo en pocos meses.

Alexis seguiría su propio calendario en la vida. Ella podía mostrarse contenta y juguetona, haciendo relucir su enorme sonrisa y con ese travieso brillo en los ojos, o se parecía a un búho gritón, lanzando a veces un chillido que me perforaba los oídos. No existía un término medio. Fiel a su manera de ser, tampoco había una posición intermedia en lo que tenía que ver con mover sus asentaderas. Ella ya había indicado con toda claridad que no se interesaba gran cosa por esa idea de gatear. Después de todo, había suficiente gente a su alrededor, principalmente Mady o Cara, que le alcanzaran de manera eficiente el juguete que deseaba cuando comenzaba a chillar. Su sistema funcionaba, y ella lo sabía. Por otro lado, teniendo ya diecisiete meses y medio, me preocupaba de nuevo que tal vez algún problema físico estuviera causándole su demora. Mi pediatra me aseguró que ella todavía estaba en el rango «normal» y que, en especial para una prematura, lo estaba haciendo bien. En realidad no quedé muy convencida… hasta que un maravilloso día la sedentaria Alexis decidió que estaba lista para asumir una nueva posición y al fin dio sus primeros pasos. ¡Así se hace!

Ahora sí se habían graduado de manera oficial como caminadores. ¡Válgame Dios …!

Con la acrecentada movilidad dentro de nuestro hogar se hizo más dolorosamente obvio que nuestra imposibilidad de movernos fuera de casa, es decir, la falta de un vehículo, era una cuestión seria. Ya no hacía ese frío glacial afuera. Las flores estaban abriéndose, el calor del sol del verano era estimulante, y los chicos y yo tan solo ansiábamos escapar de nuestra monótona rutina diaria. Me hallé soñando despierta que Jon y yo llevábamos a los niños a un paseo tranquilo un domingo, lo que parecía un suceso sencillo que nunca habíamos llevado a cabo con todos nuestros hijos.

Así que Jon empezó la búsqueda ferviente de un vehículo más apropiado que llenara todos nuestros requisitos específicos. Necesitábamos que tuviera el tamaño suficiente para que cupieran con comodidad ocho asientos de bebé y dos adultos, con un espacio para carga donde pudiéramos llevar dos cochecitos de tres puestos. Tenía que ser confiable y rendir un buen kilometraje por galón de gasolina. Una ventaja gigantesca, como Jon indicó, sería que tuviera la altura suficiente como para permanecer de pie cuando poníamos o sacábamos a los pequeños de sus asientos de bebé.

No era algo fácil de hallar, pero después de investigar con diligencia las camionetas de diez pasajeros, Jon se enteró de que la Dodge Sprinter cumplía y excedía todos los puntos de nuestra lista de verificación, incluso la altura. Yo quería ver por mí misma si la camioneta nos serviría. Sabía que si dábamos el salto gigantesco y comprábamos el vehículo, teníamos que hacer una inversión inteligente. Había mucho en juego en esta compra, bromas aparte, y no podíamos darnos el lujo de adquirir un dolor de cabeza.

Savage, la distribuidora Dodge local, fue muy cortés y trajo la Sprinter a nuestra casa una cálida tarde de julio para que la probáramos. Cuando el vehículo se perfiló en nuestra entrada, me puse nerviosa. Era gigantesco. Me preguntaba si alguna vez podría maniobrar ese intimidante monstruo en un lote de estacionamiento. No obstante, vi la chispa de entusiasmo en los ojos de Jon mientras verificaba hasta el último requisito de nuestra lista. Él sabía cómo convencerme —con la lista— y yo no podía negar que el «gran bus azul», como más tarde llegamos a conocerlo, en verdad nos serviría bien y sería nuestra oportunidad para al fin poder salir de casa. Transportar a los ocho niños, las maletas de pañales, los cochecitos y las golosinas hasta el vehículo no sería fácil, pero por lo menos ahora podía ser posible.

El experimentado vendedor cubrió todas sus bases, trayendo los papeles apropiados con él a la casa esa noche. Después de una breve conversación, Jon y yo tomamos nuestra decisión. Dando el jeep de Jon como cuota inicial, nos convertimos en los orgullosos nuevos dueños de una Dodge Sprinter azul marino del 2004.

Mady y Cara saltaban y brincaban en la entrada de la casa. Les habíamos prometido llevarlas a dar una vuelta en la nueva camioneta esa misma noche si todo marchaba como estaba planeado. Recibiendo una dosis de energía debido al entusiasmo desbordante de las niñas, las seguí de regreso a la casa para empezar a preparar a todos para nuestra primera excursión como familia de diez.

Cambié a todos los bebés poniéndoles pijamas, mientras Cara y Mady se ponían las de ellas. Jon sudó de lo lindo con la tediosa tarea de colocar todas las bases de asientos de bebé en la camioneta, pero después de casi toda una hora de entrar y salir, todos estábamos con nuestros cinturones de seguridad puestos y listos para partir.

Queriendo compartir nuestro entusiasmo, nos dirigimos por el boulevard hacia la casa de nana Joan y su esposo, Terry. Tengo que admitir que al principio me sentí algo ridícula. Creía que mi asiento estaba como a metro y medio del suelo, y casi sentía que tenía que agachar la cabeza cuando el techo de la camioneta parecía, a duras penas, pasar por debajo de las ramas más bajas de los árboles que bordeaban las calles de Wyomissing. Entonces le di un vistazo a mi tripulación soñolienta. Cada uno de ellos estaba sentado mirando tranquilo y curioso a través de las ventanas bajas. Fue uno de esos momentos que nunca olvidaré. ¿Quién hubiera jamás imaginado que todo asiento disponible en un vehículo de diez pasajeros estaría ocupado por un miembro de mi preciosa familia? No supe si reír o llorar. Incluso hoy, la vista de nuestro «gran bus azul» todavía hace que mis ojos se llenen de lágrimas. Estoy muy agradecida por nuestro confiable, cómodo y gigante cajón sobre ruedas, pero estoy aun más agradecida por los dieciséis pares de pies que colgaban sobre el borde de los asientos de bebé camino a nuestra próxima aventura.

La nueva independencia que sentí al tener un medio de transporte estuvo acompañada por un tipo de independencia más atemorizante cuando despidieron a Angie sin ningún preámbulo de su puesto como enfermera a tiempo parcial en mi casa después de trabajar conmigo durante casi un año. A pesar de lo abrupto que fue todo —ella recibió una llamada por teléfono un viernes en la tarde en nuestra casa, se levantó de la mesa, y ahí terminó— en realidad no fue una sorpresa para mí, ni para Angie. Medicaid había estado dispuesto a pagar los servicios de

Angie durante seis meses. Cuando se cumplieron los seis meses, sabía que no podía atender de forma adecuada las muchas necesidades apremiantes de seis bebés a la vez yo sola. Joan, Janet o Beth a menudo ayudaban, pero por útil que esto fuera, no era suficiente. Las tareas y los pequeños detalles que obligatoriamente tenían que realizarse todo los días eran abrumadores. Me apoyaba en gran manera en el tiempo de trabajo confiable de Angie para mantener las cosas en marcha. Así que decidí pelear por otros seis meses adicionales.

Me mantuve firme, recordándole a la junta de revisión del seguro que según la ley la proporción entre el número de bebés y sus cuidadores en las guarderías infantiles de Pennsylvania debía ser de tres a uno. ¿Cómo podría ser seguro que yo atendiera no solo a seis pequeños de un año, sino también a dos de cuatro? En un buen día, me las arreglaba; aunque era algo frenético y espeluznante. Sin embargo, esos días eran pocos y distantes entre sí, puesto que había muchas más ocasiones en que alguno tenía una infección en el oído, otro necesitaba un tratamiento respiratorio, otro mordía a su hermano y el cuarto estaba vomitando... todo con el coro de las niñas mayores en el trasfondo diciéndome: «Mamá, tengo hambre». Y eso sin mencionar todos los sustos, como cuando Collin se puso azul en la mesa después de casi aspirar por la nariz una cucharada llena de comida, o cuando Joel trató de pararse pero se fue de bruces escapándose por un pelo del borde del mueble de entretenimiento. Simplemente no era un trabajo que una persona, con solo dos ojos, dos manos y dos piernas, pudiera hacer con seguridad por sí sola durante doce horas todos los días.

A mis oídos llegaron las habladurías que corrían y las muchas críticas por mi posición persistente. Pienso que había algunos que pensaban que Jon y yo teníamos la mano estirada, siempre queriendo más y más ayuda. Algunos tenían la opinión de que yo había pedido todos estos bebés y ahora era mi responsabilidad cuidarlos, así que no debía ser una carga para mi compañía de seguros. Me imagino que en cierto sentido es justo por eso es que me decidí a escribir este libro. No quiero solo relatar la experiencia de nuestras bendiciones asombrosas, inusuales, no planeadas e inesperadas, sino también deseo señalar que aprecio mucho más de lo que cualquiera pueda imaginar, todo gramo de ayuda que alguien alguna vez me haya dado de alguna manera. Además, Jon y yo tenemos la asombrosa responsabilidad de criar a nuestros ocho hijos, pero no se nos llamó a ser mártires, desechando de forma necia una ayuda que directamente afectaba el bienestar y la seguridad de nuestros hijos. En todo lo que hicimos y hacemos, Jon y yo tan solo buscamos para nuestros hijos una posibilidad factible de llevar una vida algo normal en las circunstancias más anormales.

Un día en agosto del 2005, Jon recibió un correo electrónico que pensó que yo debía leer. Sabiendo que disto mucho de ser un genio en computación y detesto la idea de inclinarme sobre su computador para leer alguna cosa, lo imprimió y me lo trajo a la cocina. Era de una compañía productora de televisión que había oído de nuestra familia y tenía interés en hacer un documental de una hora acerca de nuestra experiencia. «Vaya», dije. «¿En serio?».

Jon y yo nos miramos. No era la primera vez que los medios de comunicación querían hablar con nosotros. Estaba siendo cada vez más y más difícil ocultarse en las sombras. ¿Cómo nuestra callada y pequeña existencia en los suburbios de Pennsylvania de alguna manera floreció (o tal vez explotó sería una mejor descripción) en una «historia» que alguien quería contar por televisión nacional?

Al conversar sobre lo que sentíamos en cuanto a ese tipo de exposición para nuestra familia, Jon al instante dijo: «¡Ni en sueños!». Él se sentía de alguna manera vulnerable después que se dio alguna información incorrecta, tanto en televisión como en los periódicos, luego del frenesí en los medios de comunicación que rodeó al nacimiento de los bebés. También habíamos experimentado en carne propia el estrés que significó la filmación de la remodelación de nuestra casa. Sabíamos muy bien que filmar cualquier cosa que incluyera a ocho niños y traer a nuestra ya atestada casa, el trastorno adicional diario de los equipos de camarógrafos sería sin duda un reto.

Sin embargo, siempre me había lamentado por el hecho de que con nuestros días tan ocupados como lo estaban, rara vez teníamos la posibilidad de captar en vídeo los dulces recuerdos infantiles y los logros que tenían lugar todos los días. Me emocionaba cuando en ocasiones me las arreglaba para empuñar mi cámara vieja y captar con rapidez un guiño divertido debajo de un gorrito inclinado, o una carita que se asomaba tímidamente desde atrás de una frazada favorita. Y sabía que algún día me sentiría aun más triste al darme cuenta de que mis hijos habían pasado esta etapa con tanta rapidez que el único recuerdo que me quedaba era el mio, aferrándome a la tan preciada vida. Me encantó el pensamiento de que una versión compacta, de una hora, editada, recortada, organizada y en formato de crónica de los próximos seis a nueve meses de la vida de los bebés, estaría para siempre disponible al alcance de mi mano. Me imaginaba a nosotros diez algún día sentados con un enorme tazón de palomitas de maíz, lanzando exclamaciones de asombro al ver lo diminutos y encantadores que eran. Sabía que Mady y Cara atesorarían esos recuerdos, puesto que ellas también habían atravesado de forma fugaz varias etapas en el torbellino de nuestras ajetreadas vidas.

Conforme le comentaba a Jon mis pensamientos, decidimos que no nos haría ningún mal por lo menos hablar con el jefe de la compañía productora, con la esperanza de captar una mejor idea de lo que un «documental» suponía y entonces actuar a partir de ahí.

Nuestra conversación duró dos horas completas. Con todo cuidado y de forma muy explícita les manifesté nuestros recelos. Hicimos una pregunta tras otra y escuchamos con toda atención, tratando de descubrir cualquier señal que indicara que filmar a nuestros hijos los pondría en riesgo de alguna manera posible. Al final, fue un comentario lo que nos persuadió tanto a Jon como a mí de aceptar la invitación: «Hacemos televisión para ayudar a las personas a entender mejor a otras personas». Eso tocó una fibra sensible de mi ser, y al instante sentí una ráfaga de entusiasmo. Esta era nuestra oportunidad de por fin relatarle al público nuestros pensamientos, esperanzas y sueños para nuestros hijos, mientras que al mismo tiempo, les mostrábamos de una forma visual la fascinante, pero abrumadora realidad cotidiana de nuestras vidas.

Diversión de verano, 2005.

⑬ De mudanza

> Al que puede hacer muchísimo más que todo lo
> que podamos imaginarnos o pedir, por el poder
> que obra eficazmente en nosotros.
>
> EFESIOS 3:20

Era principios de diciembre y yo corría por toda la casa preparando una cena rápida para mis hijos, anotando instrucciones de último minuto para Joan y Terry que cuidarían a los niños, y rogando que pudiera tener tiempo suficiente para secarme el pelo. Estaba nerviosa pero emocionada porque Jon y yo íbamos a salir por la noche a su primera fiesta anual de Navidad que se celebraría en la mansión del gobernador.

Pensando que seis niños de diecinueve meses serían más que suficiente para mantener a Joan y a Terry atareados durante la noche, el plan era que yo llevaría a Cara y a Mady conmigo y las dejaría en la casa de la tía Jodi y el tío Kevin, en el condado de Lancaster. Debía encontrarme allí con Jon, en donde él se vestiría para la noche, sin tener que conducir todo el camino a casa desde Harrisburg hasta Wyomissing.

Estaba muy emocionada por la salida, esperando ver la cara de Jon cuando me viera con mi falda roja bordada sustituyendo mi usual uniforme de andar en casa, que consistía en unos pantalones deportivos y una camiseta. Confieso que estaba igual de emocionada por la idea de disfrutar de una deliciosa cena formal y de la conversación entre adultos, y sonreí para mis adentros cuando las niñas y yo llegamos al tranquilo barrio de mi hermano.

Casi de inmediato noté a mi derecha un letrero que decía «Se vende» frente a una acogedora casa de ladrillo estilo colonial, justo en medio de un amplio terreno, con un jardín al frente y un gran patio detrás. Jon y yo habíamos estado discutiendo durante semanas qué hacer en cuanto a nuestras hacinadas condiciones de vida. Habíamos llegado a la conclusión de que teníamos que hacer algo… y pronto. Parecía como si las paredes de nuestra casita en Wyomissing estuvieran reventándose, lo que me hacía recordar los retratos que había visto una vez de una casa a la que azotó un tornado y amenazaba con estallar en cualquier momento debido a la presión desde el interior. De modo irónico, al mismo tiempo también había sentido como si las paredes estuvieran cayéndome encima, derrumbándose a mi alrededor mientras tropezaba a diario con tantos juguetes y niños. Con estos recordatorios, mi curiosidad se despertó de nuevo, y minutos más tarde al entrar a la cocina de Kevin y Jodi, me hallaba parloteando sin fin en cuanto a lo encantadora que era la casa y si posiblemente podría o no servir para nuestra familia de diez.

Pesando los pros y los contras, casi descarté la casa, porque desde afuera parecía no ser mucho más grande que aquella en la que ahora vivíamos. Sin embargo, el lugar era perfecto. Acortaría de manera significativa el viaje de hora y media de Jon al ir y volver de su trabajo, lo que a su vez resultaría en un alivio muy necesario para nuestro apretado presupuesto, que estaba siendo exprimido por el alza irrefrenable del precio de la gasolina. Más importante todavía, estaba cerca de mi hermano y su creciente familia.

Pronto descubrimos que indirectamente conocía a la hija de los dueños por medio de algunas relaciones de mi niñez, así que Jon y yo decidimos por lo menos ir a ver el interior de la casa. No puedo explicar cómo mis emociones oscilaron cuando entramos por esa puerta del frente. Temblé al darme cuenta de que de alguna manera acababa de voltear la página de otro nuevo capítulo en nuestras vidas. Quería con todo mi ser la casita donde habíamos reído, llorado, luchado y nos regocijamos desde que Madelyn y Cara tenían apenas once meses, pero era tiempo de avanzar. De pie en los amplios espacios abiertos de la sala y la cocina de esta casa, empecé a ver con nuevos ojos lo que Dios había puesto a nuestros pies.

La casa se veía amplia y bien distribuida. Había varios cambios que me gustaría hacer, principalmente reemplazar la alfombra existente con un piso de madera, pero pude ver de inmediato que era un lugar que se podía mantener con facilidad. Su sencillez me atrajo bastante. No necesitaba grandes lujos como una forma de iluminación elegante o artefactos electrodomésticos costosos. Buscaba espacio primero que todo: espacio para que nuestros enérgicos niños caminadores corrieran, para una mesa grande de comedor, para almacenaje, dormitorios y armarios.

De forma tradicional, se sabe que el piso superior de una casa normal de estilo colonial tiene varios dormitorios pequeños. Sin embargo, cuando subimos las escaleras hasta el segundo piso, vimos que los dueños habían dividido todo el piso superior de la casa en solo dos dormitorios muy grandes. Tenía un baño completo en el

Tiempo de juego, a mediados del 2005.

corredor, dos preciosos y amplios armarios, y dos espacios en el desván. Jon y yo supimos a primera vista que el gigantesco diseño abierto y alargado del primer dormitorio era perfecto para seis cunas, mientras que la otra alcoba brillantemente iluminada serviría muy bien para las niñas mayores. Era un diseño más bien inusual que resultó ser perfecto para nosotros.

El esquema de la casa llenaba también los demás criterios en nuestra larga lista de necesidades. Por ejemplo, el dormitorio principal estaba en el primer piso, y el inmaculado y espacioso cuarto de lavandería estaba colocado prácticamente en el mismo centro del primer piso entre el dormitorio principal y la cocina. Qué alivio sería no tener que llevar las canastas llenas de ropa para lavar hasta el temido sótano, subiendo y bajando escaleras diez veces al día para cargar y descargar de prisa la lavadora. Nos encantó el espléndido patio plano cubierto de césped que se extendía detrás de la casa. El mismo podría alojar con facilidad un conjunto de columpios y todavía contar con mucho espacio para que ocho niños corrieran y jugaran.

El regreso a casa después de nuestra gira inicial por la propiedad del condado de Lancaster fue algo extraño. Se trató de una de esas ocasiones en que no estaba muy segura de si debía reír o llorar. Dios había contestado nuestra oración al suplir una casa para nosotros que satisfacía todas nuestras necesidades, sin embargo, nuestra tristeza era palpable en el aire frío del auto . Ambos sentíamos que habíamos hallado la casa para nosotros, y con entusiasmo intercambiábamos ideas acerca del lugar donde encajarían las cosas y cómo la haríamos funcionar… solo para caer en el silencio conforme ambos nos absorbíamos en nuestros propios pensamientos con relación a otro cambio serio en la vida.

⬤

Ese mes de diciembre pusimos en venta nuestra casa de Wyomissing. Joan me convenció de que considerara contratar a una compañía que se apoyaba mucho en la participación del vendedor y por consiguiente cobraba una comisión de solo el uno punto cinco por ciento, a diferencia del acostumbrado seis por ciento, en la venta de una casa. Al inicio le di largas al asunto, pensando que sería una locura que acometiera un proyecto tan serio en medio de una casa llena hasta rebosar de niños. Sin embargo, el pensamiento de ahorrar una considerable cantidad de dinero en la comisión del agente de bienes raíces, y por lo tanto tener una mejor cuota de entrada para la nueva casa, triunfó.

Se designaron los domingos como los días en que la casa estaba disponible para mostrarse. ¡Ay, cada domingo! El solo pensar en ello todavía hace que la cabeza me dé vueltas. Toda la semana Jon y yo planeábamos quién llevaría a los niños a alguna parte —obviamente necesitaban estar fuera de la casa durante casi todo el día— y quién se quedaría en la casa para atender a los posibles compradores. Hice de todo, limpiando la casa de arriba a abajo y tratando lo mejor posible de desocupar un poco cada armario y superficie. Horneé galletas de chispitas de chocolate con la ayuda de una masa refrigerada rápida, y mientras el sabroso aroma se extendía por toda la casa, me apuré para cambiar pañales, limpiar caras, anudar cordones de zapatos, peinar cabezas, y colocarle a cada uno sus abrigos y gorros de invierno. Después de una rápida oración con Jon, encendí unas pocas velas, revisé mi lista por si algo se me hubiera pasado por alto, y salí corriendo hacia la puerta hasta mi camioneta llena de pasajeros que esperaban.

Nuestras aventuras los domingos variaron. El primer día que mostramos nuestra casa a los posibles compradores me quedé con Jon mientras Beth cuidaba a los chicos en su hogar durante la tarde. Sin embargo, una vez que supimos qué esperar, me di cuenta de que Jon podía atender él solo la tarea de mostrar la casa, así que mi trabajo sería imaginarme qué hacer con ocho niños durante cuatro horas.

¡Hola, casa nueva!

Un domingo Kayla, la hija de Beth, y yo decidimos aventurarnos hasta el centro comercial local con nuestros cochecitos triples. Estoy segura de que nos veíamos de alguna manera cómicas mientras la gente contemplaba la montaña rodante de bebés, abrigos y maletas de pa-

13. De mudanza

ñales. Sencillamente no podíamos viajar a la ligera, y nunca pudimos pasar desapercibidos. Todavía lucho a veces con eso de sobresalir. No se siente nada natural que se le acerquen a uno extraños al azar, todos con una mirada asombrada de incredulidad exhibiéndose en sus rostros, y extiendan sus manos para acariciar a mis hijos. Sé que a veces soy por completo inabordable, pero créanme, es agotador sentirse en todo momento como una exhibición en el zoológico local y que todo el que pase quiera extender la mano para acariciar a mis bebés.

A la semana siguiente, buscando una tarde algo más tranquila, los chicos y yo nos subimos en el auto y recorrimos la corta distancia hasta la casa de la nana Janet para visitarla. ¡Que Dios la bendiga! Ella es mucho más que alguien que le abre con alegría su puerta a una ruidosa cuadrilla de chiquillos y una mamá muy cansada y estresada. A los chicos les encantaba salir de la casa y explorar nuevos horizontes, así que la tarde representó en realidad un bienvenido alivio de nuestra rutina ordinaria. Varias horas más tarde, el gran bus azul permanecía sumido en un bendito silencio mientras entrábamos a nuestro estacionamiento para ver si papá había vendido nuestra casa.

Mi estómago se retorcía por los nervios mientras trataba de adelantar en algo la tarea de empacar. Mi meta era lograr empacar dos cajas durante la siesta. Intentaba al máximo no darme a mí misma oportunidad para recordar todas los primeros tiempos en nuestra casita. Mirar hacia delante exige disciplina y determinación, junto con una dosis colmada de fe, y Jon y yo ya habíamos comprado nuestra nueva casa en el condado Lancaster. Habíamos apurado la firma de las escrituras lo más posible esperando una venta rápida de nuestra casa, pero se acercaba muy rápido el día en que tendríamos que entregar los documentos para un préstamo temporal si la venta no tenía lugar.

Nuestra casa se vendió treinta y seis días después de que se puso en el mercado. Nos sentimos entusiasmados y aliviados, y yo oraba que tuviera la energía necesaria para empezar la tarea seria de empacar el resto de las cosas.

Tuvimos apenas unas pocas semanas antes de que firmáramos las escrituras de la nueva casa para buscar contratistas que la pintaran y pusieran los nuevos pisos de madera antes de que nos mudáramos. Jon por un momento se sintió tentado a aligerar nuestra carga simplemente mudándonos sin cambiar la vieja alfombra y con la pintura deteriorada. Sin embargo, yo pensaba que si no nos esforzamos por hacer la casa más agradable para los niños antes de que nos mudáramos, en realidad nunca tendríamos el tiempo para hacerlo después.

Conforme se acercaba el día de la mudanza, nuestra pequeña sala se llenó de cajas. Me sentía como una ardilla almacenando todos mis bienes. En cada momento que tenía disponible, agarraba con rapidez una caja, la llenaba, la sellaba, la rotulaba y la apilaba. Lo que me asustaba era que por más artículos que parecía sacar de los armarios, el sótano y las áreas remotas de la casa, al darme la vuelta me percataba de que ni siquiera había empezado a tocar habitaciones como la cocina y los dormitorios de los niños.

Con todos los seis niños apilándose ante la cerca blanca, necesitando de continuo bien sea un cambio de pañales, una comida, algo de tiempo con mamá, o un árbitro, sabía que no iba a poder empacar los artículos de más uso y todavía atender las necesidades diarias de cada uno. Jon yo estuvimos de acuerdo en que aunque estaba avanzando algo con una o dos cajas a la vez, a la larga, todo se reduciría a una sesión seria concentrada durante toda la semana anterior a la inminente firma de las escrituras. A fin de hacer eso posible, dividí a los bebés en grupos. Beth se llevó a Leah, Aaden y Collin. Kendra se llevó a Joel. Janet se llevó a Alexis y a Hannah. Las niñas mayores se fueron a la casa de mi amiga Jamie en Michigan. Fue una pesadilla en cuanto a la planificación, pero me sentí aliviada al saber que todos recibirían cuidado y atención, a la vez que se les evitaría el estrés y también trastorno que parecían estar acumulándose tan alto como nuestra pila de cajas.

Con todos los niños fuera de casa, me puse a trabajar a toda marcha. Prácticamente corriendo por todo el primer piso, empecé a acometer mi tarea de empacar sin pensar en nada. Sabía que necesitaría toda onza de mi fuerza y hasta el mismo último minuto que tenía para recoger años de pertenencias y recuerdos y cargarlo todo en los tres camiones grandes que Jon había rentado.

Jon había llamado a dos cuñados, que a su vez llamaron a unos pocos amigos para que brindaran una mano con los artículos más grandes, y mientras los hombres llevaban carga tras carga hasta los camiones que esperaban, continué avanzando con el contenido de cada habitación. Luego me dediqué a limpiar cada piso, mostrador y baño, decidida a dejar la casa, una parte de nuestros corazones e historia, ordenada, limpia y oliendo lo más fresca que fuera posible para recibir a sus nuevos dueños.

Después de dos días de dieciocho horas de trabajo, Jon y yo salimos por la puerta del frente por última vez. Tuve que obligarme a ni siquiera mirar hacia atrás mientras caminaba por la acera del frente. Sabía que no serviría de nada aferrarme a la «casita» como los niños la llamaban; tenía que mirar hacia adelante a nuestro futuro, en donde con certeza nos esperaban nuevas aventuras.

Al halar la manija del auto, vacilé. De repente recordé una cosa más que necesitaba llevarme de nuestra casita en la avenida Dauphin: varios de los lirios de mi abuela del jardín del frente. Estaba oscuro y muy frío, y el suelo no se había descongelado por completo de su sueño del invierno, pero necesitaba tener unos cuantos de ellos. Con los ojos enrojecidos y desaliñado, después de unas torturantes cuarenta y ocho horas, Jon excavó con todo cuidado unos pocos bulbos que me recordaban mi pasado y los colocó en mis manos. Nos alejamos esa noche mientras apretaba en mis manos los lirios, sabiendo que pronto serían replantados y una vez más florecerían con una nueva vida y la promesa de unos días soleados por delante.

14 De día en día

«Te basta con mi gracia, pues mi poder se perfecciona en la debilidad».

2 CORINTIOS 12:9

Lo diré de nuevo: Como la mayoría de las muchachas, había soñado con el día en que conocería a mi esposo, tendría hijos, y me establecería para vivir una vida feliz por siempre. En los pasados pocos años, esos anhelos del corazón de mi niñez se han convertido en una nota óctuple de amor proveniente del Señor y colocada en lo más profundo de mi alma. Él conocía mi corazón, y todo don perfecto y bueno vino de él. A menudo he rebuscado muy adentro, aferrándome a esa bien conocida promesa y empapándome de la bondad de todo eso. Sin embargo, en otras ocasiones esa misma nota de amor parecía haber sido destrozada y esparcida al viento, dejándome atascada y desprovista de toda mi fuerza y vigor mientras los fragmentos de lo que en un tiempo fue mi vida caían como lluvia a mi alrededor.

El tener gemelas y después sextillizos nunca estuvo en mis sueños de la infancia; no obstante, este es el destino que Dios ha escogido para mí. Conocer a Jon, casarme y tener a las niñas parecía encajar perfectamente con lo que me había imaginado. La parte de «feliz por siempre» pareció perderse en un mar de seis diminutos puntos que relampagueaban en una pantalla de ultrasonido. Sin embargo, con el tiempo la devastación, el temor y el enojo se convirtieron en resignación, reconocimiento y aceptación. Aun así, yo deseaba más que aceptación. Sabía que aceptar el destino que se me había dado era simplemente el primer paso. Yo quería no solo sobrevivir a mi llamado, sino levantarme, tomarlo con mis dos manos y *prosperar* en mi llamamiento como esposa de Jon y madre de todos nuestros ocho hijos.

La única manera de hacerlo era prestándole una atención cuidadosa a las lecciones que Dios me estaba enseñando. Aunque pudiera tal vez mencionar cien de tales lecciones, en honor a nuestros seis milagros que cambian la vida, voy a limitar mi lista tan solo a las siguientes seis:

1. Dios tiene el control

Desde el momento en que Jon y yo descubrimos que estaba encinta con sextillizos, pudimos mantener nuestra cordura solo porque sabíamos que Dios tenía el control. Uno de mis pasajes bíblicos favoritos es Romanos 8:28: «Ahora bien, sabemos que Dios dispone todas las cosas para el bien de quienes lo aman, los que han sido llamados de acuerdo con su propósito». Al principio, hallé la parte de «todas las cosas» algo difícil de creer. Quería preguntarle a Dios si él estaba seguro de que no quiso decir «la mayoría de las cosas». Por mucho que deseara creer en él, a cada instante recorría mi lista de «peros» para Dios, justo por si se le había olvidado. «Pero Dios», empezaba, «¿qué tal en cuanto a lo que los médicos dijeron? ¿Eso acerca de que las posibilidades de que todos mis bebés sobrevivan son minúsculas y que yo misma pudiera tal vez morir? ¿Qué tal del hecho de que me diste solo dos manos, Señor, para cuidar a seis bebés? Y recuerda, Señor, tenemos una casa pequeña. ¡Ah, y Jon no tiene trabajo, Señor! ¿Cómo vamos a proveer para nuestros hijos?». Mis reclamos y dudas continuaron de forma interminable hasta que al fin supe que tenía que invertir por completo mis quejas y cuestionamientos. A pesar de todas las lúgubres estadísticas y los retos mentales, físicos y logísticos, aprendí que cuando un «pero Dios» se presentaba en mi mente, en lugar de caer en el foso de la duda y la desesperanza tenía que ponerle un nuevo final a mi pensamiento: Pero Dios… tiene el control, ¡y eso quiere decir que en verdad él hará que *todas* las cosas obren para mi bien!

No puedo decir que esta revelación me resultó fácil. Soy una de esas personas a las que les encanta estar al mando en todo momento. Confiar por completo en Dios y abandonar mi deseo de control es una lucha continua. Cada vez que siento que las cosas marchan bien en mi vida, me encuentro de nuevo tentada a tomar las riendas otra vez. Varias veces, en especial en los pasados pocos años, el Señor me permitió hacer justo eso. Pensaba para mis adentros: «Yo puedo hacer esto. Mis días están todos resultando bien, toda mi vida está en orden»… lo que por lo general quería decir que los chicos estaban tomando una siesta, yo tenía solo otra carga de ropa para secar, y la cena olía muy deliciosa en el horno… y entonces sucedía. Dos chicos se despertaban con resfrío, así que mi última carga de ropa se quedaba sin lavar. La cena se quemaba en el horno mientras limpiaba, y me sentía por completo inefectiva y, sí, fuera de control.

Me llevó muchos meses darme cuenta de que es durante esas ocasiones en mi vida en que me siento totalmente fuera de control que en realidad puedo hacer lo que Dios me ha llamado a hacer todo el tiempo, es decir, descansar en él. Esto se debe a que él es un Dios grande que conoce todas mis limitaciones y fracasos humanos y no permite que ni un solo aspecto de mi vida caiga por entre las brechas o sea soslayado. Al permitir que él dirija mi camino y tome el control, puedo confiar en que la responsabilidad de «toda las cosas» ya no me agobiará.

2. Dios es un Dios y lleno de gracia

Cuando estaba en reposo en cama, sintiéndome débil e irritable, en cierto sentido había tocado fondo. No se trataba solo de que no tuviera el control, sino de que me daba cuenta de que sin la gracia y la fuerza de Dios para llevarme a través de esos días, simplemente no lo lograría. Isaías 40:31 me recordó que «los que confían en el SEÑOR renovarán sus fuerzas; volarán como las águilas: correrán y no se fatigarán, caminarán y no se cansarán».

Sería ridículo decir que Dios en su infinita bondad y gracia me ha llevado hasta un lugar donde los interminables cambios de pañales, las comidas, los montones de ropa para lavar, los dientes que salen, y los bebés que gatean y chillan no han surtido efecto en *mi* medida de gracia y energía. Las buenas noticias son que he aprendido que cuando mi gracia y mi energía se acaban, Dios, si tan solo me quito de su paso lo suficiente, siempre está allí con una provisión fresca de la cual puedo echar mano. Su pozo nunca se agota, y él siempre tiene gracia suficiente para darme la fuerza que necesito cada nuevo día. Como lo hizo en especial durante mi embarazo, él solo se agacha, me recoge y me lleva cargada. Lleno de gracia y fuerte. ¡Es un Dios bueno!

3. Se puede confiar en Dios

Cuando Jon y yo caminábamos con ojos soñolientos por la casa, cada uno cargando a dos bebés mientras otros dos esperaban su turno, yo no podía mirar más allá de ese momento en particular. Si me permitía tener una perspectiva más amplia de nuestra precaria situación, al instante sentía que entraba en acción mi instinto de luchar o huir. Felizmente, en cada ocasión que me sentí tentada a huir, Dios más bien empezó a enseñarme cómo confiar en él.

Él sabía que nuestras finanzas se estaban agotando con rapidez. Sabía que por mucho que necesitara los dos brazos capaces de Jon ayudándome todo el día, por otro lado él necesitaba buscar un empleo que le proveyera algo de satisfacción personal así como también que nos sacara de nuestro dilema financiero. Dios además sabía que siendo una pensadora literal, iba a necesitar lecciones concretas en cuanto a la confianza conforme aprendía a descansar por completo en la provisión divina.

A fin de que aprendiera a confiar, primero necesitaba aprender a oír la voz de Dios y obedecer. Una de esas oportunidades llegó mediante una historia que me contó mi hermana Kendra. Me habló de una familia en su iglesia que estaba teniendo muchas dificultades durante la temporada de Navidad debido a que el padre estaba desempleado. Recuerdo haber pensado: «Ah, yo he estado allí, a mí me ha pasado», y mi corazón sintió compasión por ellos. Sin embargo, no pensé que me sería posible ayudar, pues tenía ocho hijos propios que alimentar. Y entonces lo oí, ese suave murmullo. Estaba diciéndome que en medio de tantas bondades que me habían mostrado, yo necesitaba también ser sensible a las necesidades de los otros que me rodeaban. Admito que al principio sepulté esa voz tan rápido como pude, bajo mi larga lista personal de preocupaciones financieras. Le pregunté a Dios cómo podía pedirme que le diera a completos extraños lo poco que teníamos en ese tiempo, pero él aun así persistió.

Aprendí que Dios no es solo persistente, sino también incansable. Después de esquivarlo por días, al fin lo comprendí: Dios estaba buscando una obediencia de mi parte. Saqué mi chequera y con una actitud alegre y a la vez dudosa, escribí una cantidad y marché de inmediato hacia el buzón. De pie en el frío y mirando el buzón, coloqué allí con rapidez el sobre… y fue una agradable sorpresa ver un pequeño envoltorio con un brillante lazo de Navidad encima. Mientras regresaba por la vereda lo abrí y casi caí de rodillas. Tenía en mi mano una tarjeta de regalo de una vecina a la que casi ni conocía por la cantidad exacta que yo había escrito en mi cheque. Algunos estarán pensando: «Valiente cosa. Fue solo una coincidencia». Yo no creo en coincidencias, y sé que Dios acababa de enseñarme algo grande. Él me demostró que nunca puedo dar más que él. En todo momento él conocía mis necesidades exactas. Mi único trabajo era confiar y obedecer.

4. Dios es amor

«Mamá, ¿puedes dalme reflesco?». Debo haber oído esa petición cien veces al día mientras los bracitos extendidos de mis bebés sostenían una tacita para niños de colores brillantes. Esto me hace preguntarme si es así como Dios me ve a veces, como una niña necesitada pidiéndole constantemente que por favor llene mi taza. En ocasiones pienso que tal vez Dios se ha distraído un poco al darme mi porción, pues siento como si me hubiera dejado empapada y atascada debido al excesivo derramamiento de bendiciones. Tal como mis hijos a veces gritan: «No me gusta ese reflesco», yo también he sentido ganas de golpear el piso de forma obstinada con los pies y gritarle a Dios: «¡Te dije uno o dos bebés, no seis!».

Nunca he cuestionado en mi mente si Dios me ama o no. Es solo que a veces me sentía como si fuera un peluche favorito de la infancia al que han acariciado al punto de dejarlo pelado, cojo y exánime. Ahí fue cuando descubrí un valioso aspecto del amor de Dios, con el que en realidad no me había identificado antes, de mis incontables horas como madre de ocho: su misericordia. Lamentaciones 3:22-23 dice: «El gran amor del SEÑOR nunca se acaba, y su compasión jamás se agota. Cada mañana se renuevan sus bondades; ¡muy grande es su fidelidad!».

14. De día en día

Fue la parte de «cada mañana se renuevan sus bondades» la que me envolvió como un gran abrazo. Me di cuenta de que aunque Dios en verdad había hecho que «mi copa rebosara», él me amaba lo suficiente como para darme un comienzo fresco cada día de mi vida. Eso quería decir que esas noches en que ponía mi cabeza sobre mi almohada reprochándome a mí misma por haber perdido la paciencia con Mady durante la cena, o porque no tuve tiempo para aplaudir a Alexis que daba sus pocos primeros pasos tambaleantes, o porque no había tenido la oportunidad de darle con el apuro un abrazo especial a Joel ese día, todavía podía descansar con la seguridad de que las misericordias de Dios son nuevas todos los días. Él me amaba lo suficiente para hacerme salir adelante a la mañana siguiente, en la cual tenía la oportunidad una vez más de hacer lo mejor que pudiera.

5. Dios proveerá

Antes de que nacieran los bebés, casi siempre sentía un dolor en mi estómago cuando por fin cerraba mi chequera después de pagar las cuentas. Una cosa que mi padre me enseñó fue la importancia de ser responsable en las finanzas; pero descubrí que el ritmo en que se depositaba el dinero en mi cuenta bancaria, y luego lo demasiado pronto que se retiraba, era por completo exasperarte. Miraba con total disgusto la pila de sobres de facturas que parecían manos blancas extendidas para llevarse nuestros arduamente ganados salarios. «¿Por qué tengo que gastar todo mi dinero en esto, y en esto, y en esto?», me quejaba mientras organizaba el montón de facturas. Todo mi estrés financiero estaba todavía siendo alimentado en ese entonces por mi temor de la infancia a no tener lo suficiente.

Y entonces vinieron los bebés.

Mi tan distante temor de repente se convirtió en una realidad palpable. No tenía lo suficiente... no tenía brazos suficientes, ni espacio suficiente, ni sueño suficiente, ni tiempo suficiente, ni paciencia suficiente, ni energía suficiente, y con toda certeza, tampoco dinero suficiente. Llevada al borde de la desesperanza, me aferraba a la promesa de Dios en Filipenses 4:19, que dice: «Así que mi Dios les proveerá de todo lo que necesiten, conforme a las gloriosas riquezas que tiene en Cristo Jesús».

Mis necesidades eran grandes, a veces tan enormes como la fuerza física, mental y emocional que necesitaría para soportar el nacimiento de los sextillizos; otras eran rutinarias y superficiales en comparación. Por ejemplo, cuando los bebés eran pequeños, mantenía una lista principal pegada en la pared junto al espejo del baño del segundo piso. Parecía que siempre necesitábamos cosas como toallitas de limpieza, biberones, e incluso pilas para los asientos rebotadores; y debido a que las voluntarias siempre estaban preguntando qué podían traer, pegué mi lista donde se lavaban las manos. Un día, me dirigía al segundo piso para anotar las toallas de papel en la lista, cuando oí que alguien andaba por la puerta del frente. Al acudir a la puerta encontré a una de mis voluntarias de por la noche batallando con un gran bulto de toallas de papel que alguien había dejado en nuestros escalones. Mientras guardaba el enorme paquete en la casa, tan solo sonreí para mí misma. No podría decir que para ese entonces me sorprendió que Dios supiera exactamente lo que necesitaba incluso antes de que lo anotara en la lista. Ese día tan solo se me recordó que Dios siempre cumple.

Mucho antes en mi vida, nunca hubiera podido imaginarme que me emocionaría y agradecería el regalo de unas toallas de papel, pero he avanzado un largo trecho. Aprendí a contentarme con lo que tengo, porque hubo una ocasión cuando en verdad no sabía qué iba a darles de comer a las niñas para la cena. No teníamos dinero, los víveres en los anaqueles eran escasos, y además, ni siquiera tenía la libertad de salir a comprar comida. Estaba completa y totalmente a merced de Dios y de aquellos que él escogía poner en mi camino. Bajo esas circunstancias, descubrí algo irónico el sentarme un día al mostrador de la cocina para pagar nuestras cuentas mensuales. Ya no estaba furiosa ante la pila de facturas pagadas acumuladas junto a mí; más bien, en realidad estaba agradecida. Toda y cada cuenta que se podía pagar, solo me recordaba que Dios estaba proveyendo para nuestra familia y sacándonos adelante de forma milagrosa de día en día.

6. Hay que darle a Dios la gloria y la alabanza

No puedo ni siquiera contar el número de veces en que ha pasado por mi mente durante los últimos tres años la frase: «¿Por qué a mí?». Al principio, me preguntaba por qué Dios, que es omnipotente y omnisciente, podía pensar que era una buena idea darme seis bebés a la vez. Él ni siquiera diseñó el cuerpo humano para eso, sin embargo, de alguna manera había tocado *mi* cuerpo, capacitándolo para que se estirara y conformara a tales demandas nada naturales. En medio del dolor, preguntaba: «¿Por qué yo, Señor?».

Meses más tarde, cuando estaba en medio de mi familia, rodeada de infantes que lloraban y su amplia variedad de artículos, llevada hasta mis límites físicos, emocionales, psicológicos y financieros, veía mi debilidad y mis limitaciones humanas y continuaba clamando: «¿Por qué yo, Señor?». Mi mundo de absolutos se había vuelto cada vez más confuso y me sentía perdida, guiada de manera errónea y olvidada.

Sin embargo, a la larga, conforme poco a poco empecé a crecer en mi vida transformada, decidí que podía continuar sintiéndome agobiada por la pregunta, llevándola como si fuera un pesado abrigo gastado que estorbaba mi movilidad, *o* podía escoger ver toda mi situación como si fueran adoquines colocados con cuidado en mi sendero para conducirme más cerca de Dios. Algunos de esos adoquines eran traicioneros y resbalosos, pero era en esas ocasiones cuando me aferraba un poco más fuerte a la mano que nunca se fue de mi lado.

Con la claridad que ofrece el mirar en retrospectiva, empecé a percatarme de las muchas oportunidades que Jon y yo hemos tenido para hablar de los milagros ocurridos en nuestra vida, no solo del nacimiento mismo de los bebés, sino también del sustento diario minuto tras minuto, el cual llegó a ser un testimonio vivo para los que nos rodeaban. Aunque Jon y yo deseábamos glorificar a Dios desde el momento en que nos comprometimos a recorrer el largo y arduo sendero que él nos había puesto por delante, no fue sino hasta que la neblina de los primeros dos años se levantó, que en realidad pude ver la respuesta a la pregunta: «¿Por qué yo?». La respuesta no estaba en lo que Dios había permitido que nos sucediera *a* nosotros, sino más bien, en lo que Dios esperaba realizar *por medio* de nosotros.

Me di cuenta de que Dios ha usado nuestra historia milagrosa de obstinada persistencia impulsada por la fe, y lo ha hecho desde el principio, para la gloria y la honra de su nombre. Incluso algunas personas que al inicio se mofaron de nosotros no pudieron negar el testimonio poderoso del amor y la gracia de Dios. Hemos observado el asombro en las expresiones de las personas cuando ven nuestro desfile de parvulitos de pelo negro con Cara y Mady en los extremos, y tengo que decir que sé que esto hizo que más de unas pocas personas se detuvieran en medio del ajetreo de sus vidas y reconocieran el poder omnipotente de Dios.

Fue alrededor de ese tiempo que a Jon y a mí nos invitaron a hablar en una iglesia grande. Sabía que esta era una oportunidad para permitir que Dios fuera glorificado en nuestras vidas, sin embargo, me distrajo la crítica que a veces se arremolina a nuestro alrededor. Sintiéndome indigna, de nuevo me atreví de modo audaz a cuestionar a Dios. ¿Pensaba él en realidad que yo era la persona apropiada para la tarea, para pararme frente a las personas como si tuviera cada cosa bajo control? Después de todo, se me conocía por ser más bien directa, cortante, e incluso peligrosa con mi boca; y ahora Dios me dirigía a usar lo mismo que siempre me había metido en tantos problemas, para más bien, darle gloria a su nombre. Le recordé al instante todas mis faltas y limitaciones, pero una y otra vez Dios me recordó que él es más grande.

Batallé con mis inseguridades, y cada vez perdía mi paciencia, oía en mi cabeza una hostigante voz diciéndome que no podía hacerlo, que solo las personas que son ejemplo de bondad, gracia y gentileza, pueden pararse frente a una multitud como oradores inspiracionales. Fue en ese momento que tuve una revelación: tal vez por primera vez en mi vida me di cuenta de que debido a que *no soy* perfecta, Dios estaba dispuesto a usarme.

Hoy me encuentro en mi cocina con seis niños de tres años alineados junto a la ventana grande de la sala, saludando jubilosos con la mano a Mady y a Cara, que se bajan del autobús escolar frente a nuestra casa. Ha sido un día muy largo; tres de los pequeños han tenido que lidiar con alguna infección debido al invierno, estamos en medio de la instalación de una nueva alfombra en el segundo piso, y nuestro gran bus azul no quiso arrancar esta mañana. Con todo, los veo danzar entusiasmados mientras las niñas entran a saludarlos y casi no puedo creer que esta sea mi vida.

14. De día en día

Me siento increíblemente bendecida porque Dios nos ha escogido para esta jornada. Esta vida no es en lo absoluto lo que Jon y yo esperábamos ni en un millón de años, pero de muchas maneras es infinitamente más de lo que jamás hemos esperado o soñado. En tanto que ni Jon ni yo podemos imaginarnos lo que traerán los días futuros para la familia, a menudo me consuela una cita de Abraham Lincoln. Él dijo: «Lo mejor del futuro es que viene de día en día». Y yo digo: «¡Gracias a Dios!».

Diario de Kate

¡¡¡¡Todavía estoy aquí!!!! Siento que resistiré hasta las treinta semanas.

Es mi intuición. ¡Sin embargo, si Dios me da la resistencia y la fuerza, llegaré tan lejos como él quiera! Amo a nuestros seis bebés y deseo que les vaya bien, de manera que sufriré, aunque me siento muy egoísta últimamente. ¡Quiero que esto termine! ¡Me siento muy desdichada! ¡Y eso es una descripción insufi ciente! Esta es mi lista de quejas:

1) Mi vientre queda apenas a diez centímetros de mis rodillas cuando me siento. Está tan pesado que me duele. No puedo sentarme o estar parada por mucho rato. Es difícil caminar ahora, y ducharme es casi imposible.

2) El área en el lado inferior derecho de mi vientre está llena de llagas.

¡Como si hubiera sufrido una buena quemadura de sol!

3) Esto es una pura tortura. No puedo respirar y eso está acabando con mi espalda.

4) Orino mucho por la noche ... ¡¡¡¡y los ridículos residentes me despiertan al amanecer por puras tonterías!!!!

5) Mi espalda (inferior) me duele muchísimo.

6) Tengo contracciones constantes... ¡y duelen y son muy fastidiosas! De todas maneras, el martes me hicieron el escán de crecimiento. Estos son sus últimos pesos:

Bebé A: 2 libras y 311 gramos (ganó 255 gramos)
Bebé B: 2 libras y 141 gramos (¿peso ganado?)
Bebé C: 2 libras y 85 gramos (ganó 85 gramos)
Bebé D: 2 libras y 283 gramos (ganó 198 gramos)
Bebé E: 2 libras y 396 gramos (ganó 141 gramos)
Bebé F: 2 libras y 396 gramos (ganó 113 gramos)
_____
Total: 15 libras y 255 gramos

Reconocimientos

Gracias de nuevo a todos y cada uno, incluyendo enfermeras, médicos, voluntarias, individuos, amigos, familiares, extraños, empresas, negocios, iglesias y vecinos que han ayudado de alguna manera a nuestra familia a lo largo del camino durante nuestra jornada siempre cambiante. ¡Sabemos que cada uno de ustedes desempeñó un papel importante y ninguna cosa, ya sea pequeña o grande, ha dejado de ser notada y apreciada!

Fotos

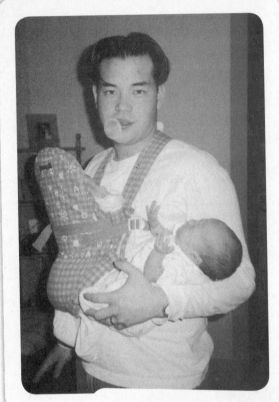

Superpapá.

Nuestra primera casa. ¡Estábamos muy orgullosos de ella!

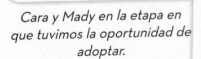

Cara y Mady en la etapa en que tuvimos la oportunidad de adoptar.

Preparar los biberones era una rutina en nuestro condominio.

Fotos·

Cara y Mady alimentando a *sus* bebés en el intermedio de las verdaderas comidas.

Cinco de seis alimentadores de bebés.

Primera salida a cenar como familia.

¡Zapatos, zapatos por todos lados!

Vista típica a los cinco meses. En el sentido de las agujas del reloj: Cara, Leah (en la silla alta), Alexis, Ana, Joel, Mady, Aaden y Collin en el centro.

Fotos·

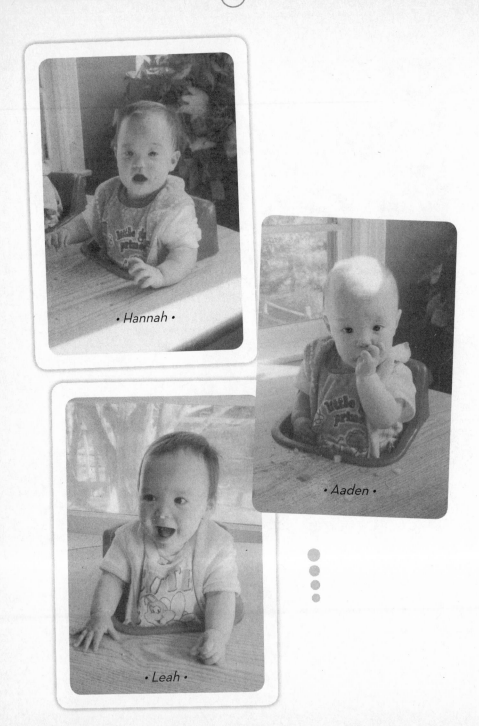

• Hannah •

• Aaden •

• Leah •

· Alexis ·

· Joel ·

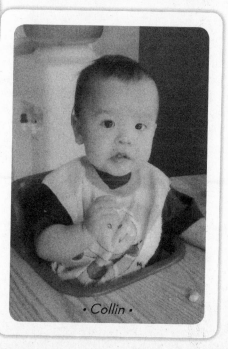

· Collin ·

Para una información más reciente, historias y actualizaciones sobre nuestra familia, por favor, visite www.sixgosselins.com.

Disfrute de otras publicaciones de Editorial Vida

Desde 1946, Editorial Vida es fiel amiga del pueblo hispano a través de la mejor literatura evangélica. Editorial Vida publica libros prácticos y de sólidas doctrinas que enriquecen el caudal de conocimiento de sus lectores.

Nuestras Biblias de Estudio poseen características que ayudan al lector a crecer en el conocimiento de las Sagradas Escrituras y a comprenderlas mejor. Vida Nueva es el más completo y actualizado plan de estudio de Escuela Dominical y el mejor recurso educativo en español. Además, nuestra serie de grabaciones de alabanzas y adoración, Vida Music renueva su espíritu y llena su alma de gratitud a Dios.

En las siguientes páginas se describen otras excelentes publicaciones producidas especialmente para usted. Adquiera productos de Editorial Vida en su librería cristiana más cercana.

Una vida con propósito

Rick Warren, reconocido autor de *Una Iglesia con Propósito*, plantea ahora un nuevo reto al creyente que quiere alcanzar una vida victoriosa. La obra enfoca la edificación del individuo como parte integral del proceso formador del cuerpo de Cristo. Cada ser humano tiene algo que le inspira, motiva o impulsa a actuar a través de su existencia. Y eso es lo que usted podrá descubrir cuando lea las páginas de *Una vida con propósito*.

0-8297-3786-3